AF368752

Un adolescente
SIN RUMBO

MARÍA JOSÉ MARTÍNEZ ALBEROLA

Un adolescente
SIN RUMBO

SÉ FIEL A TUS SUEÑOS,
Y NO LOS CAMBIES POR NADA

Título: *Un adolescente sin rumbo*

© 2019, María José Martínez Alberola

Autoedición y Diseño: 2019, María José Martínez Alberola

mjmonfo@gmail.com

www.noteaferresalavidavivela.com

Primera edición: diciembre de 2019

ISBN-13: 978-84-18098-95-6

Depósito legal: TF 70-2020

UN ADOLESCENTE **SIN RUMBO**

**"No te darás cuenta de lo que eres capaz,
hasta que cruces la barrera del miedo"**

ESPERO QUE TE GUSTE
MI REGALO

DE: ______________________________

PARA: ____________________________

DEDICATORIA:

____
____
____
____
____
____
____
____

"Eres más valiente de lo que crees, más fuerte de lo que pareces y más inteligente de lo que piensas."

Winnie the Pooh

Agradecimientos

En primer lugar, quiero agradecerte a ti, mi queridisim@ lector/a el haber puesto la total confianza en adquirir este libro, que he escrito para ti, con todo mi corazón y desde el alma.

Agradezco enormemente, el apoyo que he recibido de mis padres, y mis hermanos.

Doy gracias a todas las personas que han aportado su granito de arena en colaborar en este libro.

Doy gracias a Dios, por el regalo que me hizo hace 13 años, y la inspiración de escribir este libro para él, ya que recién comienza su adolescencia

Y por supuesto, estoy enormemente agradecida a mi hijo, por elegirme como madre, este es el mejor regalo que recibí, y con él me he inspirado en hacer este libro, porque su adolescencia voy a vivirla apoyándome en este libro… gracias a la experiencia y relatos de otros adolescentes, he aprendido mucho acerca de este tema.

A mis amigas, gracias por estar ahí, por apoyarme en este viaje y sobre todo por esa bonita amistad.

A ti, por tener este libro entre tus manos y hayas depositado tu confianza en mí, infinitas gracias.

Y muchas gracias a **Laín García Calvo**, dicen que **cuando el alumno está preparado aparece el maestro** y ahí apareciste tú. Llevo más de un año leyendo tus libros y en mi segundo evento de vuélvete imparable decidí inscribirme a tu mentoría. muchas gracias por esta transformacion. Te amo.

Gracias, gracias, gracias…

Testimonios del libro y la autora

"La autora de este libro supo abordar con amplitud el complejo mundo de la adolescencia. Aprender cuales son los buenos valores, para afirmar la posterior vida adulta. La importancia de la familia en esa etapa evolutiva, cómo la buena elección de los amigos, marcarán un camino. Te invito a que lo leas, descubrirás algo que pocas personas te podrán enseñar".

Noemí Susana Velasco Meana autora del libro **"En BUSCA de un nuevo camino"** de la trilogía **¡BRILLAR! Es poder ser.**

"Me hubiera encantado leer este libro durante mi adolescencia porque me parece que es una de las etapas más importantes de la vida. Aún soy joven y considero que puedo volver a vivir una segunda adolescencia aplicando todo lo que María José explica en su libro. Este libro es muy recomendable tanto para padres como para jóvenes que desean encontrarse a sí mismos. Mil gracias"

Lara Pastor, autora de la trilogía **SE LIBRE**

"A través de su libro María José inspira a los jóvenes a aprender los valores que les convertirán en su mejor versión. Lectura muy recomendable para padres y adolescentes. Especialmente para los que aun llevamos un niño dentro"

Carlos Goyanes, autor del libro **La Salud de los Héroes**

"¡Excelente libro! Me ha ayudado enormemente a ser consciente, como mamá de una adolescente, de todo lo que implica la etapa por la que transitan y cómo podemos los adultos acompañar ese proceso. Para ellos es un guía que no debes faltar, para ir fortaleciéndose como seres completos y felices. Gracias María José."

Verónica Bartolommei, autora de la saga:
"Secretos en tu interior"

"Con este libro aprendes el porqué de los conflictos en la adolescencia, siendo de obligada lectura tanto para hijos como para padres. Abriéndonos los ojos a otros caminos para afrontar esta compleja etapa con recursos internos, de los que no estamos habituados a trabajar. Me ha encantado y he aprendido técnicas para tratar con mis hijas. Esperemos que pronto todo esto se enseñe también en los Colegios y se aprenda desde pequeños. ¡Gracias!! "

Gema Rivera, Autora de la Trilogía **TUS DESAFÍOS**.

"Me encuentro en cada argumento y experiencias contadas en este libro, de alguna manera he vuelto a mi adolescencia leyéndolo. Este libro va a ser la herramienta perfecta para cualquier adolescente que independientemente de su situación, lo lea y lo aplique. Y aunque no es un libro específico para un solo género (jóvenes y adolescentes). Es y va a ser sin duda alguna, una ventana de luz a un sinfín de dudas y preguntas que nos encontramos en el camino de la vida. Sin duda alguna lo recomiendo a todos, pero sobre todo a los más jóvenes, porque van a encontrar el conocimiento y entendimiento en él para aplicarlo.

Gracias Gracias Gracias y felicidades María José. ¡Te Quiero amiga mía!"

Manolo Pla Martínez

"En algún momento de nuestra vida todos hemos experimentado la dependencia, bien sea a un amigo de la infancia que veíamos superior, a nuestros padres o al primer amor. María José ilustra de una manera diferente esta realidad que en pocas ocasiones nos atrevemos a ver, y ha conseguido que me sienta identificada con la historia de su trilogía. No todo el mundo consigue conectar de una forma tan pura con la historia, que no solo es suya sino también del lector... y me encanta ver cómo siguió adelante con su vida hasta establecer las bases de un brillante futuro, y si ella pudo...Tu y yo también".

Nuria Navarrete Torres

"¿Que reflexión me ha hecho esto acerca de mi adolescencia con la familia, con amigos, en el colegio? Me ha hecho entender que mis padres dieron lo mejor que pudieron, porque ellos también fueron educados en otras condiciones, sin cariño o aislados de sus padres, nadie nace sabiendo ser padres y sí que es importante la educación, los valores y comprender que esa fue su manera de entregar cariño, pero que siempre hay posibilidad de aprender cómo ser mejor persona para dar amor de la mejor manera posible y educar con el ejemplo.

Muchas gracias ¡maravilloso libro! ¡Felicidades María José! "

Cristina Núñez

Este libro va a aportarte luz a uno de los temas
más complejos, la relación entre padres y sus hijos
adolescentes. Si padeces de este tema, María José te
va a alumbrar el camino para que puedas vivirlo con
naturalidad.

Josep Molina Secall

Índice

Introducción:

Amado lector y amada lectora,

En primer lugar, quiero agradecerte la confianza que has depositado en mí, al adquirir este libro.

Mi propósito es, que en cada palabra y en cada frase que escribo en este libro, puedas sentirlas y te lleguen al alma. Ya que lo escribo con todo mi corazón para ti.

En las próximas líneas, voy a contarte experiencias de personas que me han dado su consentimiento para compartir contigo, además de las mías propias, que yo he vivido en mi adolescencia, voy a ponerte muchos ejemplos y te pondré fábulas para reflexionar sobre ello.

Mi intención no es atacarte ni que te sientas atacad@, mi verdadera intención es que puedas empatizar con lo que voy a contarte y si te sientes en algún momento identificad@, puedas meditar sobre el tema relacionado.

Como en mi primer libro, **NO TE AFERRES A LA VIDA ¡VIVELA!** Me vas a permitir que para generalizar utilice el símbolo **@.**

No quiero excluir a nadie en esta lectura y me gusta que me lea todo el mundo sin importar el género, y no deseo que nadie se sienta ofendid@, en este momento es lo que me parece correcto.

ASIQUE SIN MAS….

Nos vemos en las siguientes páginas.

Gracias, gracias, gracias. Te amo. María José.

Mi historia personal

Hola, mi nombre es María José, tengo 38 años y esta es mi historia personal....

Soy una persona que siempre se ha preocupado mucho por la gente y esto me ha llevado siempre a crearme a mí misma unas obligaciones que no me correspondían.

Mi adolescencia fue una etapa muy bonita, pero a la vez dura por todos los aprendizajes que debemos de superar y los que no logré superarlo, en estos meses atrás si he logrado.

Recuerdo las etapas por las que pasé, la primera no fue del todo mal, vivía en un barrio en el cual siempre estaba con mis vecinos y me limitaba a después del colegio a estar con ell@s.

La segunda tenía la necesidad de poder encajar con el resto y he tenido que aguantar alguna humillación que te contaré en las próximas páginas.

La tercera etapa de mi adolescencia fue algo más dura, fue cuando me enamoré por primera vez del chico equivocado.

Una cosa más:

En estas páginas hago referencia a historias de personas que han querido colaborar contando su etapa de la adolescencia. He añadido algunas historias de famosos que en su día publicaron como fue su adolescencia. Podrás reflexionar con las metáforas añadidas y realizar las pautas que te aconsejo en este libro.

Espero sinceramente que disfrutes de tu lectura.

¿Qué me voy a encontrar en este libro...?

Este libro como te he comentado antes, lo escribo desde el alma y con todo mi amor hacia ti. También te digo que lo he escrito para mí, y para mi hijo, ya que su etapa de pre-adolescencia está acabando, pero comienza su segunda etapa, y que mejor referencia que los testimonios de las personas que ya la han pasado y la manera de afrontar las dificultades y dudas que hayan podido tener. Es una etapa de la vida difícil en la que las emociones fluyen con altibajos y muchas veces l@s adolescentes ni ell@s mism@s saben cómo gestionarlas.

No quiero que en ningún momento te sientas atacad@, me gustaría que empatizaras en las historias y relatos que vas a leer a continuación, y si te ves reflejado en alguna de ellas, puedes meditarla para poder cambiar la forma de ver las cosas.

Aquí vas a encontrarte como acabo de decirte muchas historias de adolescentes, y reflexiones para que puedas pensar acerca de ello, vas a encontrar unas pautas y ejercicios a seguir, para que empieces a tomar el rumbo de tu vida y no te pierdas a mitad del camino.

Este libro está escrito tanto para padres/madres como para hij@s, l@s adolescentes se verán reflejados, y los padres también hemos sido adolescentes, que mejor momento de sanar nuestras heridas.

Sin más mi querid@ lector/a, nos vemos en las siguientes páginas…

Empezamos....

Como sabes mi nombre es María José, y soy de un pueblo de Alicante.

Vengo de una familia humilde y muy trabajadora tengo una hermana y un hermano, los dos menores que yo. Y he de decir que estoy muy orgullosa de pertenecer a la familia que tengo.

Estoy realmente nerviosa por empezar este libro contigo, donde sé que vas a empatizar con cada palabra que he escrito para ti. Mi deseo es que disfrutes de esta enseñanza y veas la cosas desde un punto diferente que hasta ahora has tenido.

He dedicado muchas horas a la lectura, al aprendizaje y sobre todo a buscar el mejor mentor para desarrollarme y poder transmitirte todo lo que vas a poder aprender.

Siempre he sido una chica a la que le daba vergüenza expresarse por la opinión que pudiese tener los demás sobre mí.

Ahora estoy feliz de saber que estás leyendo estas líneas que he escrito para ti desde el alma, sabiendo que me escucharás hasta el final.

¡Gracias por acompañarme! Te amo.

"Existen etapas en la vida, pero como la adolescencia ninguna, es la transformación de niño a adulto, asegúrate de ser tu mejor versión".

María José.

LA ADOLESCENCIA

Querid@ adolescente

En primer lugar, te doy las gracias por estar aquí con este libro en tus manos.

No es mi intención que te sientas incómod@ en ningún momento, este libro lo escribo con todo mi amor y desde el alma para que los padres puedan entender a l@s adolescentes y que l@s adolescentes intenten comprender también a sus padres y/o educadores.

Cuándo nacemos no llevamos encima un libro de instrucciones, con lo cual, vamos educando según nuestras experiencias y patrones que nos van dejando nuestros ancestros.

La educación que un padre o una madre quiere dar a su hij@ es de la mejor forma posible, y en la medida de su conocimiento. Sobre todo, se intenta educar, con la intención de que no pases lo mismo que nosotros o simplemente a raíz de nuestras creencias. Seguramente los padres/madres y/o educadores no llevemos razón en muchas ocasiones, pero siempre se hace de la mejor manera posible. Se educa, se intenta cambiar desde el amor.

En la adolescencia, vas a notar muchos cambios, tanto a nivel interior como exterior. Esta etapa es para encontrarte a ti mism@ y saber cuál es tu propia personalidad.

La adolescencia es la etapa de transformación desde la niñez hasta la edad adulta, y comienza entre los 9 y 11 años y acaba entre los 20 y 22 años.

¿Cuántas veces te han hecho una pregunta y has esperado a que conteste tu amig@ para saber si tu querías lo mismo? o

¿Cuantas veces has hecho lo que quería otra persona porque has creído que eso era mejor de lo que tu pensaste?

En esas preguntas se encuentra tu personalidad, si decides hacer algo por complacer a otra persona, estás ocultando tu propia personalidad y no vas a brillar por tu esencia.

Pero si no te das cuenta de ello, lo único que vas a conseguir es coger la personalidad de esa otra persona y esto a la larga te causará frustración y confusión.

Cada persona de este mundo tenemos nuestra propia personalidad, podemos compartir opiniones, otras aficiones, pero nunca vamos a tener la misma personalidad que otra persona.

A veces vamos a intentar copiar la personalidad de un/a amig@ simplemente porque nos gusta su forma de ser o es más popular, o tú crees que él es mejor que tú; hay que valorarse y no dejarse llevar por esas inseguridades, así lo único que vas a conseguir es sufrir, ya que intentarás ser la persona que no eres, y forzarás algo que tú no eres.

Aquí te muestro unos cuantos **VALORES**, para que tomes conciencia de ellos, y puedas comenzar a aplicarlos en tu vida.

Dignidad: Es el valor que nos recuerda la importancia de vivir y comportarse decentemente en otro lugar.

Atención: El vivir el valor de la atención, nos abre las puertas, nos permite ser más ordenados y ofrece en quienes nos rodean una sensación de bienestar, pero, sobre todo, de buen ejemplo.

Puntualidad: El valor por el esfuerzo de llegar a tiempo en el lugar apropiado.

Coherencia: Es el valor de una persona que actúa siempre con sus ideas y sus principios.

Aprender: El valor nos revela la importancia de lograr conocimientos, con el estudio y las propias experiencias diarias.

Sensibilidad: El valor que nos hace ver la realidad, viendo todo aquello que afecta en el proceso personal, familiar y social.

Comunicación: Este valor puede diferenciarse en llevar una vida feliz o llena de dificultades.

Compasión: El valor que te guía a descubrir a las personas, nos hace más sensible al dolor ajeno y demuestra la humanidad que tenemos.

Orden: ¿A quién no le gusta encontrar las cosas en su sitio?, pero hay algo más importante aparte de eso, y es el orden de nuestro interior, debemos de saber mantener el orden interno ya que es el que será la huella de nuestra vida.

Ayudar: Ofrecer ayuda de manera desinteresada, con el propósito de hacer la vida más fácil o evitar un aprieto a los demás.

Voluntad: El valor que nos hace crear algo por encima de cualquier resistencia, dificultad y/o estado de ánimo.

Paciencia: El valor que nos enseña a mantener la calma en cualquier problema u trabajo, manteniéndolos tranquilos y amables con los demás.

Amistad: Este valor nos enseña a formar y compartir experiencias de crecimiento personal y/o grupal. Una bonita amistad puede llegar a ser un buen tesoro

Alegría: Este valor es capaz de trasmitir desde su interior la alegría, y el origen más profundo y grande es el amor.

Humildad: Es el valor de reconocer las limitaciones de uno mismo, es decir, reconocer los errores y debilidades.

Perdón: Acción y resultado de olvidar una persona la falta que ha cometido alguien contra ella o contra otros.

Gratitud: Es un valor muy importante, ya que regenera el alma, el agradecimiento hacia una persona, no solo te hace educad@, sino que te da felicidad y a la vez la transmites.

Confianza: Seguridad, honestidad y sinceridad en el trato entre amigos, familiares u otras personas.

Aplica bien estos valores a tu vida y tendrás muchos beneficios a lo largo de ella, porque lo más importante eres tú, y si tú llenas tu vida de buenos valores conseguirás avanzar sin bloqueos, con éxitos y bendiciones.

LAS PIEDRAS DE TU VIDA.

Cierto día, un motivador experto estaba dando una conferencia a un grupo de profesionales. Para dejar en claro un punto utilizó un ejemplo que los profesionales jamás olvidarán.

De pie frente al auditorio de gente muy exitosa dijo: Quisiera hacerles un pequeño examen...

De debajo de la mesa sacó un jarro de vidrio de boca ancha y lo puso sobre la mesa frente a él. Luego sacó una docena de rocas del tamaño de un puño y empezó a colocarlas una por una en el jarro. Cuando el jarro estaba lleno hasta el tope y no podía colocar más piedras preguntó al auditorio: ¿Está lleno este jarro?

Todos los asistentes dijeron ¡Sí! Entonces dijo: ¿Están seguros? Y sacó de debajo de la mesa un balde con piedras pequeñas de construcción. Echó un poco de las piedras en el jarro y lo movió haciendo que las piedras pequeñas se acomoden en el espacio vacío entre las grandes.

Cuando hubo hecho esto preguntó una vez más: ¿Está lleno este jarro?

Esta vez el auditorio ya suponía lo que vendría y uno de los asistentes dijo en voz alta: "Probablemente no". Muy bien contestó el expositor. Sacó de debajo de la mesa un balde lleno de arena y empezó a echarlo en

el jarro. La arena se acomodó en el espacio entre las piedras grandes y las pequeñas.

Una vez más preguntó al grupo: ¿Está lleno este jarro?

Esta vez varias personas respondieron a coro: ¡No!

Una vez más el expositor dijo: ¡Muy bien! luego sacó una jarra llena de agua y echó agua al jarro con piedras hasta que estuvo lleno hasta el borde mismo. Cuando terminó, miro al auditorio y preguntó: ¿Cual creen que es la enseñanza de esta pequeña demostración?

Uno de los espectadores levantó la mano y dijo: La enseñanza es que no importa como de lleno esté tu horario, si de verdad lo intentas, siempre podrás incluir más cosas.

¡No! replicó el expositor, esa no es la enseñanza.

La verdad es que esta demostración nos enseña lo siguiente: Si no pones las piedras grandes primero, no podrás ponerlas en ningún otro momento.

¿Cuáles son las piedras grandes en tu vida? ¿Tus hijos, tus amigos, tus sueños, tu salud, la persona amada? ¿O son tu trabajo, tus reuniones, tus viajes de negocios, el poder y el dinero?

La elección es tuya.

Recuerda poner las piedras grandes primero o luego no encontrarás un lugar para ellas.

La vida no trata de encontrarte a ti mismo, la vida trata de crearte a ti mismo.

George Bernard Shaw.

Etapas
de la
adolescencia

ADOLESCENCIA TEMPRANA
(entre los 10 y los 13 años)

Adolescencia temprana o pre-adolescencia, esta etapa comienza entre los diez años y dura hasta los trece, en algunos casos puede comenzar incluso antes.

En esta etapa, l@s adolescentes comenzarán a notar sus cambios, el crecimiento es más rápido, además empiezan a notar otros cambios como el crecimiento del vello, el crecimiento del pecho en las chicas y el desarrollo genital de los chicos, además, las chicas comienzan a tener la menstruación.

Todos estos cambios producen curiosidad y/o ansiedad en algun@s chic@s, en ese momento pueden generar confusión, y complejo por estos cambios. Hay personas que lo llevan mejor que otras.

Aquí es cuando ell@s comienzan a mirar más por ell@s, a empezar a cuidarse, empezarán sus complejos y no les gustará su aspecto en muchas ocasiones, y comienzan a desapegarse del entorno familiar y buscan el apoyo de sus amigos ya que al ser de la misma edad se verán reflejados e identificados un@s a otr@s.

Comienzan a explorar y tendrán la necesidad de querer tener su intimidad y no me refiero solo a cuando están en la ducha, sino a la privacidad de las conversaciones de su teléfono móvil, a entrar a su habitación sin llamar a la puerta, l@s más tímid@s se

podrán sentir molest@s a la hora de bromear con sus cambios emocionales y hasta discutirán contigo sobre ello si hace falta, ya que querrán evitar preguntas y opiniones.

Se aislarán y se refugiarán en las personas con las que se sientan identificadas con ell@s, sus amigos.

Me gustaría añadir, que estas decisiones deberían ser respetadas, ya que todas las personas no somos iguales. Aunque sean niños, no se puede invadir su intimidad por mucho que a ti te haga gracia en ese momento.

Voy a contarte algo, en mi adolescencia hubo una persona de mi entorno la cual siempre estaba pendiente de mi desarrollo y el de su hija, hay veces que nos hace gracia ver como nuestros hijos se van desarrollando, pero no todos lo llevamos de la misma forma.

Estuvo pendiente de mi y solamente quería comprobar si me estaba desarrollando o no. Eso se notaba ,pero aún así insistía, ya que su hija no le importaba que lo comprobara. En una ocasión, me pilló despistada y aprovechó por detrás para poder tocarme y comprobar lo que acabo de comentarte. Parece una tontería, pero a mi me invadió mi intimidad y eso me enfadó muchísimo, tanto que me fui de casa por unas horas.

No solemos dar importancia a toda esta clase de cosas, pero la verdad es que nunca sabes que es lo que puede arrastrar todo esto. Hasta hace poco cuando alguien se me acerca por detrás siempre estaba a la defensiva y me generó una reacción que no sabía de donde venía hasta que lo descubrí y es por lo que te acabo de contar. Cuando se acercaba una persona a darme un abrazo o a saludarme mi reacción no era la apropiada y esto me causó algún disgusto. Hasta que empecé a sanar mi niña interior, de esto te hablaré en las siguientes páginas.

una persona a darme un abrazo o a saludarme mi reacción no era la apropiada y esto me causó algún disgusto. Hasta que empecé a sanar mi niña interior, de esto te hablaré en las siguientes páginas.

ADOLESCENCIA MEDIA
(entre los 14 y los 17 años)

La adolescencia media, esta etapa dura desde los 14 años hasta los 17, como en la etapa anterior, hay casos que comienzan antes o tardan más en acabarla. Los cambios físicos que comenzaron en la anterior etapa continúan, es posible que aparte del crecimiento, los chicos puedan notar el cambio de voz a medida que van desarrollándose. A algunos de ellos, tanto chicas como chicos, es probable que les aparezca acné.

En esta edad, much@s adolescentes comienzan a tener interés por las relaciones románticas y sexuales. Comienzan a cuestionarse su identidad sexual y la exploren, comenzarán a hacer preguntas, sobre sus dudas e interés por saber sobre este tema, también comenzarán a explorar sobre su cuerpo.

En la medida de lo posible, se aconseja el dialogo con los padres, y una buena comunicación con ellos, aunque a algunos les cueste más que a otros, siempre se puede pedir consejo de un profesional, e informarse sobre charlas para este tema y de esta edad.

En esta etapa, los adolescentes comienzan a querer tener más independencia y es cuando comienzan a tener discusiones con los padres, ya que nunca estarán conforme a lo que digan, seguramente, comenzarán a no querer ir a eventos con la familia y pasen menos tiempo con ella y más tiempo con los amigos. Empiezan a preocuparse más por su aspecto y a cuidarse más.

Su forma de pensar varía, ya que están en una etapa de transformación donde tendrán pensamientos entre adolescentes y adultos.

ADOLESCENCIA TARDÍA
(18 a 21 años... ¡o más!)

Esta etapa es la última del cambio emocional, pero no menos importante, esta etapa está relacionada entre los 18 y 22 años y como en las etapas anteriores hay casos que la comienzan antes y algunos pueden acabarla más tarde.

Los adolescentes acaban su desarrollo físico y el crecimiento, que tendrán como adultos. En esta edad empiezan a controlar más sus impulsos y ya comienzan a valorar los riesgos y a tomar medidas sobre ellos.

En esta edad se les podría llamar adultos jóvenes, empiezan a ser más conscientes a tener sentido por los valores, comienzan a centrarse en su futuro y a tomar sus propias decisiones.

Comienzan a querer tener una conversación y pedir consejos a su padre/madre no como tal sino como un amigo más. Sus amistades son más estables y en las relaciones amorosas empiezan a querer a tenerlas más estables también.

Comienzan a salir más a menudo y a llegar más tarde a casa, empiezan a experimentar con sustancias, alcohol, tabaco y drogas. Aunque diría que en la etapa anterior muchos ya comienzan a querer saber qué es eso.

Esta etapa es muy importante y se debería de hablar también sobre ello, ya que muchos no saben controlar y van de un extremo a otro. Te hablo de las adicciones. De esto te hablaré más adelante, aunque mi tercer libro va relacionado sobre este tema y nos involucraremos más a fondo.

Como educar a un adolescente

Érase una vez un joven campesino chino que quería aprender artes marciales a toda costa. No podía permitirse los maestros de las grandes ciudades ni el acceso a una escuela pública, que estaban reservadas a las familias aristocráticas, pero se enteró de que un gran maestro se había retirado en unos bosques, en las montañas.

El joven decidió encontrarlo y proponerse como alumno suyo: sin embargo, el maestro sólo estaba dispuesto a enseñar a poquísimos alumnos, con la condición de que le buscaran. Así que partió una buena mañana y después de seis horas de camino a través de bosques tupidos logró llegar al lugar donde el maestro se había retirado. Era un lugar bellísimo, donde discurría un arroyo que formaba una cascada y el aire estaba dulcemente perfumado. Llegado al lugar se dio cuenta de que el maestro dormía plácidamente en la orilla del arroyo. Se sentó y esperó con paciencia. Después de casi tres horas el maestro se despertó. Se desperezó, escuchó la petición del joven y le respondió: «Puede ser, pero ahora estoy demasiado cansado y tengo que dormir. Vuelve mañana».

El joven regresó contento e irritado al mismo tiempo, la rabia aceleró su paso y así regresó en menos de cinco horas. En casa le esperaba el trabajo en el campo que había abandonado para poder ir a ver al maestro. Así que se fue a dormir muy tarde. Al día siguiente pensó que, ya que el día anterior se había equivocado de horario para encontrar al maestro, tenía que organizarse de manera diferente.

Por tanto, se fue a una hora distinta, pero más tarde porque había tenido que trabajar en el campo, lo que le obligó a caminar más deprisa para llegar a tiempo respecto a sus previsiones. Así que atravesó el bosque, saltó las zanjas, se llenó de arañazos en medio de las zarzas, pero logró llegar en el tiempo previsto. El maestro estaba durmiendo. Después de esperar casi una hora el maestro se despertó, se desperezó lentamente y mirándole fijamente a los ojos, le dijo: «Aún tengo que descansar, así que vuelve mañana».

El joven estaba enfadado de verdad: regresó casi corriendo, saltando las zanjas, esquivando las zarzas, de modo que logró regresar a su casa en menos de cuatro horas. Al llegar hizo todos los trabajos que no había podido hacer por la mañana, pero pensó que, para encontrar al maestro despierto, tendría que llegar aún antes. Así al día siguiente se despertó antes del alba, y a la carrera, porque tenía que regresar pronto a su casa para hacer unos encargos, consiguió llegar al maestro apenas había amanecido, pero éste dormía. Después de casi media hora el maestro se despertó y desperezándose le dijo: «Perdóname, pero

tengo que dormir. Tendrás que volver mañana». El joven, furioso, regresó corriendo aún a más velocidad, esquivando las zarzas, saltando las zanjas, casi como una gacela. Llegó a su casa en poco más de tres horas. Después hizo todas sus tareas en el campo y en su casa.

Todo esto se repitió durante más de seis meses: cada día el joven intentaba llegar en el momento en que se despertaba el maestro, pero este siempre dormía; y cada vez le pedía que volviera al día siguiente. El joven conocía tan bien el recorrido que, corriendo y saltando entre las zanjas, esquivando las zarzas, conseguía llegar hasta el maestro en poco más de una hora. Y en efecto, durante aquellos meses, había sido capaz de ir hasta el maestro, de hacer su trabajo en el campo y de ocuparse de sus ancianos padres.

Un día llegó hasta el maestro y, sorprendentemente, lo encontró despierto, sentado y esperándole. El maestro, con una dulce sonrisa, le dijo: «Ahora podemos empezar a trabajar juntos, porque tú ya has aprendido más de la mitad de todo lo que tengo que enseñarte».

Si reflexionas bien sobre este cuento te darás cuenta que con paciencia y perseverancia conseguirás todo aquello que quieras, y algo más, al tener que estar insistiendo para conseguirlo ese esfuerzo habrá merecido la alegría ya que lo valorarás mucho más que cualquier cosa que consigas sin esfuerzo.

Cuando desees algo y veas que va a ser duro conseguirlo (digo duro porque si lo deseas es porque no es imposible) entonces rétate a conseguirlo, demuéstrate a ti mism@ hasta dónde eres capaz de

lograrlo, si no te apoyan en casa o tus amigos, no estés demostrando que si lo vas a hacer, simplemente hazlo. Porque cuando vean el esfuerzo que has hecho para superarte y lograr todo aquello que tu querías, entonces te preguntarán como lo has conseguido, e incluso algunos hasta te dirán que es cuestión de suerte. Pero ¿ellos lo han conseguido? ¿se van a tomar la molestia de intentarlo?

Eso a ti ya no te importa, si vienen a preguntarte, podrás decirle todo lo que te costó llegar hasta donde estás, pero si los demás no ponen de su parte por mucho que tú quieras ayudarles, no lo lograrán y lo único que harán es que tu pierdas el tiempo, y las energías.

"Todo es más valioso cuando has hecho el esfuerzo por conseguirlo"

Debes de confiar en ti antes que los demás lo hagan, tu eres muy valios@, y nadie logrará mejor aquello que quieres que tú mism@.

Si eres el padre/madre del adolescente, muéstrale que él/ella es capaz de hacerlo, enseñarle a confiar y demuéstrale todo lo valios@ que es, porque el verdadero valor que se hereda es el que recibe en el entorno familiar, y si tú le apoyas tendrá más seguridad para tirar hacia adelante.

Tampoco debes de consentir que dependa de la opinión de los demás, tu puedes darle un consejo, pero la decisión es suya, porque eso le hará que en el futuro sepa reaccionar por si mism@ y no esperar nunca la decisión de alguien.

"Los buenos hábitos formados en la juventud marcan toda la diferencia"

Aristóteles

EL ADOLESCENTE Y LA FAMILIA 

En la etapa de la adolescencia, la familia es muy importante, porque ahí es donde cogerás referencias sobre tus ancestros y crearás tu personalidad, creencias y habilidades de tu familia para completar quien eres tú en realidad.

Déjame decirte algo…

No sé si sabes algo sobre la física cuántica y/o metafísica, si no es así te invito a que estudies sobre ella, ahí te darás cuenta de todo lo que nos ocurre por energía, patrones y actitud, es por nuestra manera de pensar y actuar. En la mayoría de las veces, nuestra forma de ver las cosas o de actuar, es porque nuestra personalidad se basa en unos patrones heredados por nuestros ancestros. **Debemos de ser conscientes de ellos para poder romper el patrón.**

¿Cuántas veces has pensado que tus padres son odiosos y que solo hacen que molestarte o que siempre están igual? ¿Dando la tabarra y no te dejan vivir?

¿Has pensado alguna vez que lo único que hacen es preocuparse por ti?

Como te he comentado en líneas anteriores, yo soy madre y no quiero que te sientas agobiad@ ni ofendid@, solo quiero que comprendas un poco más la vista que tenemos hacia vosotr@s.

Estamos tan perdid@s en esta edad, porque también fuimos adolescentes y estoy segura que si hablas con tus padres de esa etapa te dirán lo importante que fue, para ahora estar donde estén.

Para muchos habrá sido mejor que para otros, según su posición social, familiar, etc.

Como te iba contando, sé que en ocasiones te has sentido furios@ con tus padres o con alguno de ellos. Ya sea por estar muy pendiente de ti y sentirte agobiad@ y estresad@, o por cualquier otro motivo.

La mayoría de las veces nos ponemos así porque no recibimos una respuesta concreta. Por ejemplo, sé que la mayoría de las madres necesitamos más detalles a la hora de tener una respuesta y nos pasa igual a la hora de dar una respuesta. Y a los padres, les pasa todo lo contrario, sé que hay excepciones, mujeres que no les gusta entrar en detalles y hombres que cuantos más detalles les des, mejor se sienten o entenderán, pero si le pasa a la mayoría.

Pues bien, en la adolescencia pasa algo similar, pero en los dos géneros. ¿O me vas a negar que no es cierto? ¿Cuantas veces te ha preguntado tu madre o tu padre y le has contestado con un simple bien y te has dado la vuelta y has seguido con lo que iba a hacer o te has ido con l@s amig@s? Y cuando te han vuelto a preguntar has contestado… ¡que pesada! O lo has pensado.

MADRES/PADRES: PUEDEN BRINDAR A UN HIJO/A

- **Comunicación**

- **Aceptación**

- **Libertad**

- **Limites**

Comunicación: la falta de comunicación no existe, aunque no hables de nada, ya hay una comunicación. La comunicación es muy importante pero la consciente, hay que hablar un poco de todo para que tenga confianza, gustos, recuerdos. Conoce a tu hij@ que está cambiando y date la oportunidad de conocerl@. Si no te gusta lo que estas conociendo de tu hijo:

Aceptación: no confundas el aceptar con permitir, aceptar es comprender, aunque no lo permitas. Imagina que tu hij@ quiere hacerse un pendiente y empiezas a decirle de todo, lo único que hará es volverse rebelde. Solo somos rebeldes con aquellos que no nos aceptan o no nos escuchan.

Pero puedes entablar una conversación con tu hij@: entiendo que quieres ponerte un pendiente, pero ¿Por qué? ¿Qué tipo de pendiente?, ¿qué valor te da a ti el ponértelo?, ¿pero estas seguro? y si luego sigues sin querer dale un mensaje distinto, pero no tan tajante.

Libertad: Ell@s están cambiando y necesitan más libertad, y sobre todo confianza, si les dan un poco de libertad para que pueda demostrarte que es más responsable seguramente llegareis a una buena comunicación.

Límites: Si dependen de ti, deben de tener límites, por mucha confianza que le des, sigues siendo su madre/padre y deben de respetarte. pero si trabaja, tiene que tener más libertades y que demuestren madurez.

Cuando mi hijo me pregunta por algo, por algún viaje que he hecho, por alguna salida con las amigas, por cualquier cosa en general, yo intento en la medida de lo posible desarrollar como ha sido para que él lo entienda, pero cuando es, al contrario, me pasaba

que me decía que se lo había pasado bien y ahí se acababa a la conversación. Una madre necesita algo más, si seremos pesadas, pero aparte es una forma de tener una conversación contigo y que mejor excusa que esa para mantenerla. A veces nos pasamos de pesadas, hay que reconocerlo. Pero como te he comentado antes, no llevamos un manual de instrucciones para saber cómo tenemos que portarnos en cada momento.

La mayoría de tus problemas, creerás que los tienes en casa. Es cuando empiezas a querer hacer cosas diferentes como salir más tiempo con l@s amig@s quedarte un rato más, hacerte un piercing, o incluso un tatuaje, solo con pensar en decirlo en casa, creerás que vas a tener un conflicto, y es que muchas veces en vez de hablar las cosas directamente ya piensas en que te dirán que no. Y tú explotarás de rabia solo de pensarlo.

Bien, vamos a hacer una cosa. ¿Y si intentas hablar con tu padre o con tu madre de este tema?, a solas sin que nadie más pueda opinar. Lo primero que vas a hacer es entablar una conversación con tus padres, si nunca lo has hecho empieza ahora, **hoy es el día en que tienes que cambiar.** Aunque pienses que no te entienden, o que vas a recibir una negativa de ellos, ¿no es mejor intentarlo? ¿O prefieres pensar tú en la reacción que van a tener contigo y sentir esa rabia si tan siquiera has hablado con ellos? **No idealices nunca algo que no sabes si va a ocurrir.**

- Primero porque si piensas en negativo tus emociones se dispararán en negativo también y comenzarás una guerra contigo mism@ que no sabrás salir de ella y crearás un círculo vicioso de todo. Me refiero a que, si te acostumbras a adelantarte a lo que pensarán los demás sin antes comprobarlo, generarás en ti una costumbre, que antes de ir a la persona y preguntar, dejarás de hacerlo porque tú mismo ya te habrás contestado y habrás creado una realidad que no existe.

- Segundo, si lo crees en positivo, idealizarás algo que a ti te beneficie y cuando vayas a preguntar y recibas todo lo contrario que tu habías soñado, te llevarás una gran decepción. No entres en el roll de idealizar las cosas porque eso también te perjudicará, ya que empezarás a idealizar desde el viaje de verano que vas a hacer con tus padres y llegarás a crear en tu interior hasta un amor que nunca existirá.

Siento ser tan sincera contigo, pero debo de ser así de franca ya que no voy a ser esa amiga que te dice siempre lo que quieres oír. Puedo ser tu amiga, pero déjame decirte que siempre te voy a decir las cosas tal cual son, al principio me odiarás, y seguramente hasta me dejes de leer o de escucharme, pero cuando compruebes que tengo mucha razón entonces voy a estar ahí para seguir ayudándote.

No me gustaría que echaras tu vida a perder, ni que perdieras el tiempo tan valioso que tienes en tu vida.

También quiero decirte que te hablo de esta forma porque ya has dejado de ser un/a niñ@ y estás en proceso de convertirte en mujer o hombre. Y me gusta tratarte como el/la futur@ adult@ que vas a ser.

Mi deseo para ti, es que vivas todos tus momentos lo mejor que puedas y no te agobies en lo que pueda pasar. Lo que tenga que ser será, eso te lo aseguro.

Estás en una edad en la que el 85% de l@s adolescentes comienzan a querer ir sol@s, entiende que eso para la mayoría de los padres es nuevo. Y se les hace muy difícil empezar a dejarte ir sol@. Aunque vean que tus amig@s también lo hacen, ell@s sentirán el mismo miedo, pero lo mismo no se lo demuestran a tus amig@s, o seguramente si y podrás comprobarlo y hasta cambiareis opiniones.

Lo que debes de hacer es darle la confianza a tus padres de que pueden quedarse tranquilos en casa y hazles saber que tú vas a estar bien.

¿Cómo puedes hacerlo? Háblales, diles que no va a pasar nada. Demuéstrales que no te vas a meter en líos, que sales con l@s amig@s un rato y que a la hora que te digan estarás en casa.

Si tú pones de tu parte, ellos confiarán en ti y también pondrán de la suya.

Yo tengo un hijo, y empezó a irse con los amigos hace poco, no sale siempre pero cuando sale no puedo evitar estar preocupada, sus amigos llevan más tiempo saliendo, pero el mío no tanto. Yo estoy separada y su padre vive a 30km de donde vivo yo. Entonces cuando le toca con su padre mi hijo no sale, porque allí no tiene amigos. Cuando me dice que ha quedado, yo no puedo evitar preocuparme y estar nerviosa hasta que llega. Como madre, te digo que llamo alguna madre para ver la hora que van a llegar. Al lado de donde yo vivo, también vive un amigo suyo y se vienen juntos, pero, aun así, sientes preocupación.

A veces se enfada porque no le gusta la hora que le digo para volver a casa. Pero si yo veo que me hace caso y cumple el horario, con las tareas, entonces, a la siguiente vez si tiene que quedarse un rato más porque son fiestas o algo se quedará. Mi hijo, tengo que decir que no es un chico que se meta en problemas graves, tampoco es un santo, tienes sus emociones variadas y recién comienza su adolescencia. Pero cuando sale de casa lleva su teléfono y cada vez que cambia de lugar me llama para decírmelo. Eso a mí me tiene tranquila porque sé que si se va de donde me ha dicho que estaba, o si ocurre que se queda sin batería (que le ha pasado) entonces me llama con el teléfono de alguno de sus amigos. Él me cuenta muchas cosas y sé que así puedo confiar en él.

Sea en la etapa que sea, siempre hay un cambio y se tiende a avanzar siempre un poco más, en la primera se comienza a salir un poco más tarde para cenar o si hay algún evento quieres quedarte un poco más. En la segunda ya empiezas a salir hasta más tarde y a veces sales fuera, aunque tengan que llevaros y/o traeros, y en la tercera etapa se sale con más libertad, hasta altas horas de la madrugada, en la segunda y tercera etapa se comienza a consumir alcohol y sobretodo en la tercera, se está más expuesto a las drogas… como ves, me enfoco en globalizar lo de las salidas porque en cada etapa es de una forma diferente pero no se deja de preocupar un padre o una madre, aunque vayas siendo más mayor. **Pero con la confianza a ellos y sobre todo el respeto, se puede llegar a un acuerdo y tener una buena comunicación.**

Esto te lo cuento para que veas que, si tú le das confianza a tus padres, ellos sabrán que pueden estar totalmente tranquilos contigo, y que, si por algún momento te retrasas diez minutos o veinte, les puedes llamar y no va a pasar nada. Pero si quieres una cosa primero tendrás que darla.

¿Mientes en casa? ¿Contestas a tu padre o a tu madre? ¿ayudas en las labores de casa? ¿haces las tareas de clase? ¿tienes buenas notas?

Todas estas preguntas debes de contestártelas y ver en donde estas fallando. Tienes que superarte a ti mism@, y no pasar de todo. Y por mucho que los demás lo hagan piensa que tú no eres como los ell@s. Si este libro ha llegado a tus manos es porque eres alguien muy especial.

Tú no te has dado cuenta, pero yo desde que pusiste las manos en este libro lo sentí. **Tienes un alma llena de vida y llena de luz que necesitas darle al mundo todo lo que vales**. Necesitas enseñarle al mundo todo lo que sabes y todo lo que vas a aprender.

¿Acaso tus amig@s son los que van a darte un futuro mejor? Nunca dejes a los amig@s, pero debes de empezar a ser responsable de tus hábitos. Más adelante te hablaré de cómo organizarte y las razones para que debas de hacerlo.

Leí un cuento para reflexionar y te lo escribo tal cual lo leí...

La rebeldía de un adolescente.

En una gran ciudad vivía una familia la cual estaba triste porque su hijo Fernando no les obedecía. Este adolescente nunca cooperaba en la casa y siempre gritaba a sus padres.

Sus amigos le tenían mucho miedo porque Fernando mostraba una actitud muy violenta tanto verbal como física, pero esto a él no le importaba, al contrario, le gustaba esta situación porque sentía que tenía todo bajo control.

Sus padres estaban muy preocupados y lloraban mucho porque no encontraban la manera de inculcarle la educación y los valores necesarios para que su hijo llegara a ser un hombre de bien en la sociedad. Así que una mañana planearon una salida a las montañas y se lo comunicaron a Fernando el cual les dijo que si le preparaban la mochila con todo lo necesario iría con ellos. Y así lo hicieron sus padres.

Sin embargo, cuando iban de camino Fernando muy enojado daba patadas y puñetazos a los asientos delanteros del coche porque el viaje le estaba pareciendo muy largo y le gritaba al padre para que condujera más rápido.

La madre muy nerviosa le propuso que cuando llegaran a la montaña jugarían al escondite con la condición de que allí no se podía gritar. A Fernando le pareció algo absurdo e infantil, pero al final aceptó.

Pasaron las horas y cuando llegaron a las montañas Fernando comenzó a contar hasta diez y sus padres se escondieron rápidamente. Luego Fernando comenzó a buscarlos, pero al ver que pasaban los minutos e incluso las horas y no podía encontrarlos se desesperó y comenzó a gritar todas las palabras mal sonantes que estaba acostumbrado a decir a sus padres, a los amigos, a los profesores y a todo el mundo. Pero para su sorpresa, comenzó a notar que sus feas palabras rebotaban y llegaban a sus oídos repetidas veces.

- ¡Qué horror! _ vociferó asustado al notar que sus palabras chocaban con las paredes de la montaña y regresaban a sus oídos con diferente intensidad.

- ¡Aquí hay un eco! _ indicó, mientras que el eco nuevamente le devolvió en duplicado el sonido de su voz.

Seguían pasando las horas y Fernando continuaba solo sin encontrar a sus padres y, en su caminar un mosquito le picó en una pierna y otra vez comenzó a decir palabras mal sonantes dando patadas y puñetazos al aire. Pero al escuchar que el eco con una gran violencia le devolvía el sonido de aquellas grotescas palabras se puso muy nervioso y se asustó mucho. Entonces en silencio comenzó a pensar que era la hora de intentar cambiar su manera de hablar y actuar porque hasta a él le estaba dando miedo su mala conducta.

Y como ya había llegado la noche regresó al lugar donde había dejado tirada su mochila para ver si encontraba algunas mantas para echarse a dormir. Cuando abrió su mochila se sorprendió al ver que sus padres no sólo le habían dejado mantas, sino también un bocadillo para que cenara.

Con el pan en sus manos comenzó a llorar desconsoladamente y, ahí estaba el eco haciéndole escuchar el dolor de su sufrimiento. Al día siguiente cuando se despertó la primera palabra que dijo con mucha tristeza fue:

- ¡Mamá te quiero! ¡Papá te quiero! ¡Los echo mucho de menos!

El eco le devolvió las últimas sílabas con un sonido suave y agradable al oído.

La madre, que estaba escondida observándolo desde muy lejos con unos prismáticos detrás de una gran roca, al escuchar esas palabras se estremeció su corazón de tal manera que quiso salir corriendo con los brazos abiertos en busca de su hijo.

Pero el padre que estaba a su lado le escribió en un papel:

- ¡Espera, aún no es el tiempo!

Entonces Fernando por primera vez recogió su manta, la dobló muy bien y la guardó en su mochila. Y como no tenía a nadie con quien hablar le dio los buenos días al eco y sonrió al escuchar el sonido duplicado ya que nunca le había dado los buenos días a nadie. Luego comenzó a recoger frutas y desconsolado decía:

- ¡Cuánto me gustaría compartir estas frutas con mis padres! ¡Los quiero, perdónenme!

Una vez más el eco duplicó estas palabras con sus más bellos sonidos.

Los padres al escuchar tan lindas palabras de arrepentimiento bajaron corriendo de las montañas muy emocionados, con los brazos abiertos llamándole

y éste al verlos corrió a su encuentro y los abrazó pidiéndoles perdón.

Los padres muy felices jugaron con los sonidos del eco enseñando a Fernando a nombrar las más bellas palabras...

¿Te has sentido identificad@ con Fernando?

¿Cuántas veces has reaccionado así?

¿Tienes que esperar a que el eco te muestre tu comportamiento?

Me gustaría que reflexionaras sobre esta fábula y sobre las preguntas que acabo de hacerte, quiero que seas sincer@ contigo mism@ y si en ocasiones reaccionas de esta forma, acéptalo y reconócelo. Este es el primer paso para el cambio.

Haz tu reflexión en estas líneas, y estribe todo lo que te ha venido a la mente mientras leías esta metáfora.

Recuerdo una tarde mi hijo estaba jugando con la consola, y yo estaba al lado trabajando con el ordenador. Como iba perdiendo la partida se ponía nervioso y daba palmadas en la mesa y gritaba. A mi ese comportamiento no me gustaba y se lo dije, él me contesto:

- Mamá yo no estoy gritando

Ok, se lo dije unas cuatro o cinco veces y no me hacía caso. Entonces cogí mi teléfono, lo puse a grabar y encaré la cámara hacia él. Estuve un par de minutos grabándolo y entonces le dije que me dejara enseñarle un video. Cuando se vio, sintió tanta vergüenza que dejó hasta de jugar ese día. Ahora es más consciente de lo que hace cuando coge la play y cuando alza la voz sin darse cuenta, si le digo algo ya sabe por lo que es.

La mayoría de las veces nos dicen las cosas y en vez de pensar y tomar consciencia en si es cierto lo que nos están diciendo, tendemos a discutir por llevar la razón. Entonces es cuando necesitas ese eco para mostrarte que estas equivocad@.

Me gustaría hacer referencia a la etapa del adolescente cuando sus padres están separados. Y es que puedo asegurarte que más del 90% de los casos, los adolescentes que sufren la separación de sus padres, su adolescencia es aún más difícil y complicada.

¿Porque? Por una sencilla razón.

La mayoría de relaciones cuando acaba, entran en una guerra en la cual no se dan cuenta de que los únicos perjudicados son l@s hij@s, y en el caso de ser consciente de ello, hacen como si no lo fueran.

Su mayor objetivo es hacer una guerra contra el otro, y su hij@ es cuando se ve entre la espada y la pared.

Una ruptura ya es dura por los cambios, en algunos casos no varían mucho, pero en otros tienen hasta que cambiarse de municipio o provincia. Es tal la obsesión por ser mejor madre/padre que el otro que llegan hasta comprar a sus propios hij@s. No sé si te habrás visto en una situación similar o tienes algún amig@ que esté pasando por ello. Sea cual sea su situación, si sus padres se han separado lo verán muy distinto, y sus emociones se verán con muchos más altibajos.

Conozco muchos casos de padres separados y como viven sus hij@s la ruptura. Uno de los casos es, de una pareja que de la noche a la mañana ella se vio en la calle, la niña tenía un año y no le importó echarlos a las dos a media noche.

Él nunca se hizo cargo de la manutención de su hija, pero los abuelos si quisieron ayudarla y se hicieron cargo ellos.

Después de 10 años, de no importarle como iba en el colegio su hija, de no preguntar si le hace falta algo. Decide mover papeles, y presentar una denuncia contra la madre dejándola como si no se portara bien con su hija, alegó que no la vestía bien, que la trataba mal, y que en clase iba fatal (eso no era cierto y pudo demostrarlo). Finalmente, después de todo eso, le dieron la compartida. Antes de dársela, empezó a ir a las reuniones de clase de la niña y se interesaba por las extraescolares de su hija. Pero después de que la niña estuviese compartiendo cada semana en una casa. Empezó a no llevarla a las extraescolares, hasta que consiguió que su hija se dejara alguna de ellas.

Todo esto te lo resumo, porque la niña se veía entre dos mundos diferentes, el de su madre y el de su padre. Su padre la enseñó a mentir y aunque a su madre le dijera una cosa, cuando la recogía su padre le decía todo lo contrario. Ella no podía dejar de sentir impotencia por como la niña estaba cambiando. Un ejemplo es que cuando la niña estaba con su madre saludaba a todo el mundo, pero cuando estaba con su padre se escondía detrás de él. Luego le confesaba a la madre, que tenía totalmente prohibido saludar a ninguna amistad que viniese de su madre.

¿Conoces a alguien así? ¿te ha pasado algo parecido? ¿Crees que si dices la verdad puedes salir perjudicad@?

Otro caso muy parecido, es el de un niño. Sus padres se separaron al poco de él nacer, el padre si se hacía cargo de ella, (aunque por los celos que tenía con la madre del niño siempre dudaba de su paternidad) él, aunque ya no estaba en la familia se le trababa igual que siempre, como uno más, y ella intentaba llevarse bien en la medida de lo posible.

Los celos como te he dicho antes que la tenía hacia ella, le hacía cometer errores como amenazarla y hasta agredirla.

Pero era el padre de su hijo y ella intentaba llevarse bien. Al tiempo los dos tenían su pareja. La pareja del padre, tenía un carácter muy fuerte y al niño, no lo trataba demasiado bien. El niño, siempre se quejaba, pero siempre salía perdiendo, porque a la única persona que su padre hacia caso era a su pareja. cuando el niño tenía 11 años, el padre le pidió la compartida a la madre, por el simple hecho de no pasarle a su ex la manutención. El niño, al principio quería estar con *los dos, pero la convivencia no era igual con uno que con otro. Este niño estaba perdido, su actitud era rebelde. Se portaba mal en todas partes y contestaba a todo el mundo, te podía meter en follones y le daba igual, porque no era consciente de lo que hacía.*

Con su padre era totalmente diferente, no salía de casa, y en el momento que se quejara la mujer de su padre lo castigaba, el padre, se limitaba a escuchar a su pareja y no hacía caso de su hijo, y toda la rabia que sentía por esa mujer la pagaba con su madre de su hijo. Este niño lo único que quería era el cariño de sus padres y ellos solo se limitaban a pelear por tenerlo, la madre tenía una situación económica más baja, y el padre en ese terreno tenía ventaja. Pero...

¿Para qué pides una compartida? ¿por afecto a tus hijos? ¿O por el dinero?

¿Puedes hacerte una idea, por todo lo que pasan estos adolescentes?

¿Tu o algún/a amig@ tuy@ estáis pasando por algo así? ____

¿Tienes miedo de decirle a tus padres como te sientes? _______ ¿Porqué? ____________________________

____

____

¿Por si te dan una bofetada? _______ ¿de que no te quieran? _______

"La verdad nos hace libres"

Déjame decirte, que, si dices siempre la verdad, estarás libre de contradecirte en cada momento. **En el momento en que cedes al chantaje de cualquier persona, eres esclav@ de ella**, y de sus manipulaciones. Tienes que decir siempre la verdad, pero sobretodo debes de ser honest@ y sincer@ contigo mism@, porque si no te estarás mintiéndote a ti. Siempre hablando con respeto, pero deben de respetar tu opinión y en el caso que no la compartan contigo, tener una conversación hasta llegar a un acuerdo.

No he podido contenerme para compartirte este cuento…

Érase una vez una tortuga de tierra llamada Sammy que vivía en la arena, junto al océano, en los linderos del bosque. Le encantaba tumbarse al sol en la playa. Lo hacía a diario. También le gustaba excavar túneles y pasadizos secretos en las dunas. Los cangrejos eran su alimento favorito. Cerca de allí, en el océano, había una tortuga de mar llamada Sally que vivía en las profundidades acuáticas y disfrutaba retozando y nadando entre las olas. Era maravilloso sentir la fría agua azul verdosa en el cuerpo mientras intentaba dar caza a alguna medusa para desayunar.

Un día, Sammy, la tortuga de tierra, buscando y rebuscando cangrejos, llegó hasta la orilla del océano, al mismo tiempo que Sally, la tortuga de mar, nadó

hasta las aguas menos profundas de la playa para poder sacar la cabeza fuera del agua y contemplar el cielo azul. De pronto, las miradas de Sally y Sammy se cruzaron y se enamoraron. Sally nunca había visto una tortuga de tierra, y su aspecto, con aquel caparazón marrón oscuro, le pareció diferente y atractivo. Sammy tampoco había tenido la ocasión de ver una tortuga de mar, y el caparazón verde azulado de Sally le pareció distinto, lo más hermoso que jamás había visto.

Las dos tortugas se amaban cada vez más, tanto que decidieron casarse. Durante algún tiempo vivieron en la orilla del océano para que Sammy pudiera sentarse en la arena, secarse y calentarse, mientras Sally permanecía en las aguas profundas para mantenerse húmeda y fresca. No tardaron en tener dos bebés tortuga y los bautizaron como Tommy y Tina. Los dos tenían sendos caparazones marrones y verdes azulados. Ambos tenían algo de papá y algo de mamá.

Tommy y Tina Tortuga se lo pasaban en grande jugando en la arena con su padre, Sammy. Pasaban horas y horas excavando túneles y buscando cangrejos para comer. De vez en cuando, se quedaban dormidos y echaban una siestecita en la cálida arena, uno junto a otro. Al esconder la cabeza y las patas, sus caparazones parecían rocas semienterradas en la arena. A Tommy y a Tina también les fascinaba juguetear en el mar con su madre, Sally. Daban volteretas en las olas y exploraban las cuevas submarinas y los arrecifes buscando medusas para cenar. Era una familia de tortugas feliz y dichosa.

¡Pero entonces algo falló! Tommy y Tina tortuga se divertían tanto que no se dieron cuenta de que Sammy, el padre tortuga de tierra, cada vez pasaba

menos tiempo en la orilla del océano, vagando por las dunas de arena y buscando alimento en el bosque, mientras que Sally, la madre tortuga de mar, pasaba todo el día nadando en las profundidades y ya no se sentaba ni un minuto en las aguas de la superficiales cerca de la playa. Cada noche, cuando papá y mamá se reunían para dar de comer a sus hijos, discutían y se peleaban. En ocasiones, Sammy, la tortuga de tierra y Sally, la tortuga de mar, incluso se mordían, y

Tommy y Tina temían que pudieran lastimarse. Luego Sammy, la padre tortuga de tierra, escondía la cabeza en el caparazón y se enterraba en la arena, al tiempo que Sally, la madre tortuga de mar, daba media vuelta y se sumergía en el océano. Por último, un día Sammy y Sally llegaron a la conclusión de que no querrían seguir viviendo juntos. Sally decidió marcharse al fondo del mar y Sammy a las dunas de arena, lejos de la playa.

Tommy y Tina tortuga estaban muy tristes. Aún eran muy pequeños y necesitaban que alguien cuidara de ellos. Amaban a papá y a mamá por igual y deseaban estar con ellos día y noche. Tommy estaba enojado, gritaba sin parar y se enfadaba muy a menudo con su madre. Tina también estaba enfadada, pero guardaba sus sentimientos para sí y no salía nunca del caparazón. Ni siquiera jugaba con su hermano o con sus amigos. El mayor anhelo de Tommy y Tina era que sus padres vivieran juntos en la orilla del océano y que volvieran a ser una familia feliz y dichosa.

Un día decidieron pedir ayuda al Viejo Búho Sabio, que siempre daba buenos consejos a todos los animales y solucionaba la mayoría de los problemas. Así pues, temprano por la mañana, prepararon un almuerzo de picnic y partieron hacia el bosque para visitar al Viejo Búho Sabio. Al llegar, estaba durmiendo en lo alto de un árbol, pero enseguida se despertó y les invitó a reunirse con él al pie del tronco. En pocos minutos le contaron su problema.

Luego, Tina Tortuga preguntó "¿Puedes conseguir que papá y mamá vuelvan a estar juntos?", y Tommy tortuga añadió "¡Por favor, haz que vuelvan a amarse!".

El Viejo Búho Sabio miró fijamente al cielo durante un rato y luego dijo "Una tortuga de tierra no debería casarse NUNCA con una tortuga de mar. Son dos especies de tortugas distintas. A Sammy, la tortuga de tierra, le gusta vivir en la arena y sentarse a tomar el sol, mientras a Sally la tortuga de mar, le gusta vivir en el océano y nadar, los dos son infelices, se sienten mal y se enojan por cualquier cosa. ¡Es preferible que cada cual viva donde pueda volver a ser dichoso!

"Pero tú Tommy Tortuga y tú, Tina Tortuga, sois medio tortuga de tierra y medio tortuga de mar, de manera que podéis vivir en el océano, alimentados de medusas, y en la arena, alimentados de cangrejos. Os podéis divertir con vuestra madre y también con vuestro padre. Ellos os quieren muchísimo y desean que seáis felices. Lo más sensato es que viváis una parte del tiempo en el agua, con mamá, y otra parte del tiempo en la tierra con papá."

¡Y eso fue precisamente lo que hicieron Tommy Tortuga y Tina Tortuga! Unas veces vivían en las profundidades oceánicas y practicaban la natación con su madre, y otras veces vivían en la cálida y soleada arena y practicaban la caza con el padre. Hicieron muchos amigos entre los peces, los delfines y las ballenas del mar, y también entre los ciervos los tejones y los

zorros del bosque. Querían a mamá y también querían a papá. A decir verdad, Tommy y Tina volvieron a ser dichosos, crecieron y se convirtieron en una nueva especie de tortuga, con bellísimo caparazón verde azulado amarronado, capaz de vivir tanto en el océano como en tierra firme.

Janet- Jonhston.

Como verás, en esta reflexión se habla de las diferencias que puede haber entre un padre y una madre, pero por muchas diferencias que haya, si hay hij@s de por medio, **ellos no son los responsables de cualquier problema que haya entre vosotros**, ni siquiera una ruptura.

Una cosa es vuestra relación y otra muy distinta es la educación de vuestros hij@s, si solo os dedicáis a pelear y discutir sobre vosotros. ¿Quién se ocupa de vuestros hij@s? Ell@s podrán elegir, pero lo mejor de todo es intentar arreglarlo de la mejor manera posible, para que ell@s no tengan por qué decidir con uno o con el otro. **Se puede vivir bien**, pero siempre **con humildad y respeto**. Y haciéndolo vosotros ya estáis ayudando a vuestr@s hij@s a entender estos dos valores que les servirá a lo largo de su vida.

"Recuerda que no puedes pedir algo a tu hij@ cuando tú haces todo lo contrario, enseña con tu ejemplo."

Es recomendable, que sea en la edad que sea, se informe a tu hij@ de la situación de la ruptura de una forma adecuada. Te recomiendo que no hables mal ni de su madre ni de su padre, la situación de tu relación no tiene nada que ver con la de relación padre/hij@ - madre/hij@.

No tienes que demostrarle ser mejor que nadie, tú eres su padre/madre y lo harás lo mejor que sabes. pero siempre con amor y respeto. Ya es complicado la etapa de la adolescencia, como para tener pendiente a tu hij@ de lo que es una separación. No le desees lo mismo para su futuro. ell@s tienen todo el derecho de ser informados para asimilarlo y que lo entiendan a la perfección de lo que va a ser su nueva vida desde ahora. Si entras en disputas por aparentar quien es mejor progenitor que el otro te aseguro que a tu hij@ lo estás condenando a la total dependencia de los dos.

Estas son algunas recomendaciones:

-Tu hij@ no es un objeto, lucha por su libertad y no por apropiarte de él/ella.

-Cariño y presencia, es muy importante que te muestres siempre presente y darle mucho amor.

-Sigues siendo padre/madre, lucha por tu hij@ por el amor que le tienes a él/ella, no por el odio o rencor de tu pareja.

-Tú eres su ejemplo, tu hij@ seguirá aprendiendo de ti y de tu comportamiento, asegúrate de enseñarle buenos valores.

-Valora la importancia de su padre/madre, al igual que te necesita a ti, también necesita a la otra parte, vosotros sois su pilar para que él/ella siga avanzando en su aprendizaje, por muchos problemas que hayáis tenido en la pareja, cuando se ha roto esos problemas deberían de desaparecer y enfocarse en la educación de vuestr@ hij@.

No mires hacia atrás y deja el rencor a un lado, no hay nada más importante que la salud tanto física como psíquica de un hij@ y que mejor manera de ayudarlo en la medida en que ell@s lo necesiten.

Este libro también lo he escrito para ti, porque tú también has sido adolescente y seguramente tendrás alguna herida que te haga ser como eres ahora, los enfados, la manera de ver las cosas, la negatividad… Si tu hij@ ha heredado patrones antiguos, tú también y de una generación más. Y tu hij@ lo ha heredado de ti también.

Realiza las pautas y ejercicios que recomiendo en este libro y si tienes más curiosidad, te animo a que empieces desde mi primer libro, **No te aferres a la vida, ¡VIVELA!** En él te hablo de la dependencia emocional.

Querid@ lector/a adolescente:

Acabo de exponer una opinión para tu madre y/o padre, pero déjame decirte que no debes de tomarte estas palabras como algo a tu favor, tus padres sabrán en cada momento a que me refiero con lo que les acabo de comentar, más me gustaría que no usaras el chantaje emocional hacia ninguno de ellos, porque no te servirá mucho tiempo y más tarde puedes llegar a arrepentirte, a no ser que te conviertas en una persona fría y sin corazón y ese no es mi objetivo para ti en estas páginas.

En el caso de que tus padres estén separados, e intentes jugar con la mentira y con el chisme de un lado para otro, déjame decirte que eso no es nada bueno para ti. Al principio te sentirás beneficiado porque conseguirás lo que quieras, pero te aseguro que lo único que harás es desatar una guerra entre ellos aún más fuerte.

Mi consejo es, que se hable lo que se hable en casa de uno y/o de otro se quede allí, y poner límites a la hora que tu padre o madre se meta con el otro, a no ser que pase algo que te afecte a ti con gravedad.

Imagina que tu padre o madre empieza a decir groserías del otro, y tú vas a contárselo al otro, la primera vez es posible que no le siente nada bien, pero no dirá nada, pero si hay otra vez, entonces ahí la ira puede llevarle a un conflicto. Pueden llamarse y decirse cosas que seguramente no debas de oír, porque pueden herirte.

He visto casos que por las mentiras que se dicen de otras personas, una pareja que se ha separado han llegado hasta denunciarse.

No hagas tu eso, ¿no es mejor que se entiendan entre ellos? lo mejor para ti es estar tranquilo, y si tus padres tienen conflictos que sean ellos los que los solucionen, en la medida que puedas, no entres en sus problemas y si te ves afectado y en medio de ellos, pide ayuda y/o consejo de alguien, ya sea de un amigo, de tu abuel@, de algún tío o de un profesional si ves que no te sientes bien. No es nada malo que hables con un psicólogo o terapeuta, todo lo contrario, podrás **SACAR TODO LO QUE LLEVES DENTRO** Y sentirás alivio a la hora de saber que lo que cuentes no va a salir de ahí.

Sabemos que la adolescencia, aparte de ser una etapa de cambios hay muchas más razones que las pueden complicar, conforme vayas creciendo, se te irá fortaleciendo tu personalidad. La separación de tus padres, la perdida de uno de ellos...

Sé que es duro asumir algo así, pero no voy a dejar que te hundas y que pases toda tu vida amargad@.

Como cuento en mi primer libro, NO TE AFERRES A LA VIDA ¡VIVELA!, en mi pre-adolescencia perdí a mi abuelo paterno, él era el que nos cuidaba a mis hermanos y a mí, mientras mis padres trabajaban, era con el que pasábamos más tiempo, y se puso enfermo, y una navidad nos dejó, yo tenía 9 años y era la primera persona que perdía. El recuerdo de mi abuelo lo he sufrido hasta hace muy pocos años, me encerré en su recuerdo y aunque hacía mi vida normal, por las noches era cuando más lo notaba. Un día leí una historia en la que decía que cuando lloras por alguien que has perdido, sus alas se mojan y entonces ellos no pueden volar, esa historia me hizo pensar que por mi culpa mi abuelo no podría volar, porque sus alas estarían muy mojadas de todo lo que lloraba todos los días.

No sé lo que es perder a una madre y un padre todavía, y doy gracias por ello, pero si he visto amig@s que los han perdido, y su vida cambia por completo, hace poco hablando con un amigo de este libro, le pregunté sobre su adolescencia y él me comentaba que no tuvo, cuando su padre se puso enfermo, se dedicaba a estudiar las horas que estaba en clase y cuando salía se iba a casa a cuidar de él, con la ayuda de su hermana y su madre. Cuando no estaban en el hospital.

Cuando su padre los dejó, él con16 años era un adolescente, pero con una mentalidad de adulto, ya que tuvo que hacerse responsable de muchas cosas, como su casa, el cuidar a una persona enferma, llevar los papeles de la familia. aunque su madre les ayudaba ella trabajaba todo el día, para poder mantener a la familia, y normalmente tenía la suerte de poder llevarse trabajo a casa.

La fuerza de mi amigo quiero compartírtela por si es tu caso y te ves perdido, el sentía el dolor de haber perdido a una parte muy importante de su vida, pero no dejaba de ver lo que quedaba en casa, que era su madre, su hermana y él. Aunque el recuerdo de su padre siempre lo lleva en el corazón, nunca deja de hablar con él desde el alma. Si no crees seguramente te parecerá una locura, pero así es.

Su madre siguió con su trabajo y él y su hermana sacaron sus carreras, siempre unidos y apoyándose el uno al otro. Es una familia unida y el recuerdo de su padre les da fuerza para continuar.

La mayoría de las veces nos centramos en lo que perdemos y no nos damos cuenta de lo que se queda. Si perdemos algo o a alguien nos va a doler mucho, pero debemos de ser conscientes que se queda una parte muy importante y es en quien nos tenemos que apoyar para salir adelante juntos.

La Fe es muy importante y no debes de perderla, ya sea en Dios, en el Universo o en quien tu tengas esa Fe y/o quieras creer. yo creo en Dios, y mi Fe esta en él.

Esa Fe, te dará la fuerza suficiente para seguir hacia adelante y por muchos obstáculos que creas que tienes, es esa energía la que siempre estará a tu lado. Cree en esa fuerza que sale de tu interior y nunca te abandonará, a no ser que lo hagas tú.

Quiero que reflexiones sobre lo que has hecho hasta ahora con tu familia, y que lo anotes.

____

____

____

____

____

¿Lo has hecho? Bien.

Ahora quiero que apuntes lo que te gustaría hacer con tu familia.

1._______________________________________

2._______________________________________

3._______________________________________

4._______________________________________

5._______________________________________

6._______________________________________

7._______________________________________

8._______________________________________

9._______________________________________

10._______________________________________

Una vez tengas las dos listas, céntrate en la segunda y piensa como podrías conseguir aquello que quieres hacer con tu familia.

Saca soluciones y expónselas, no pienses que no sabes cómo decirlo o que te van a decir esto o aquello. Dilo y una vez dicho entonces sabrás como seguir la conversación. No es difícil lo único que hasta ahora no les has dicho que te gustaría hacer algo con ellos y esto les puede pillar por sorpresa. Puedes empezar con salir a tomar un helado, o a cenar…

Recuerdo mi adolescencia, hubo una etapa en ella, que no quería ir con mis padres, si estás en esa misma etapa seguro que te ha salido una sonrisa. Bien, pues a lo que iba, cada vez que decían de ir a algún lado, me ponía de mal humor, pensaba que ya era mayor para ir con ellos y solo me apetecía estar con mis amigas, o si no había quedado con ellas, quedarme en casa sola.

A los 9 años empecé a estudiar música, pero fue a los 15 años, cuando me dejé la banda de mi pueblo y comencé a tocar en otra banda de música, la cual me recorrí gran parte de España, y de estar acostumbrada a irme de un lado para otro con mis compañeros, cuando me decían mis padres de salir con ellos me pasaba lo que acabo de contarte más arriba.

Pero llegó un momento que esa etapa desapareció, y entonces fue cuando me di cuenta que todo tiene su momento. Y fue cuando empecé a disfrutar más de ellos, ya no me importaba irme con ellos, e incluso en muchas ocasiones prefería irme con mis padres a quedar con amigas. Es una forma distinta de ver las cosas cuando tienes una edad que otra. Por ejemplo, en la primera etapa entras en vergüenza que tus padres te acompañen a clases particulares, o al instituto o a cualquier otro lugar, sé que no sientes vergüenza por ellos, pero te sientes como que, si siguieras siendo un/a niñ@ y que tus amig@s se reirán de ti, ¿a que no me equivoco? tus padres lo mismo no se percatan de ello y no saben por qué actúas así, si no se lo dices no podrán verlo, lo mejor es que les digas algo como, mamá/papá me gustaría ir sol@ a (le dices el lugar) mis amig@s van sol@s también, y yo también quiero ir, no quiero que te enfades, solo quiero que me comprendas.

Si tú hablas con tu madre/padre y le dices cómo te sientes en ese momento, ellos comenzarán a entenderte un poco más y habrá una buena comunicación sin tener que llegar a discutir ni enfadarte con ellos.

¿Has visto el cortometraje de "**LA LUNA PIXAR**"?

En mi anterior libro lo recomiendo por la reflexión que tiene sobre el trabajo en equipo, pero aquí quiero que veas y reflexiones sobre los varios puntos de vista que hay sobre las tres generaciones, y es que hay que escuchar a todo el mundo sus opiniones y luego tomar una decisión colectiva. Si no la has visto te animo a que entres en la web para que puedas verla y saques tus propias conclusiones.

Este cortometraje, nos enseña, que podemos aprender unos de otros, nos muestra que enfadándonos solo conseguimos perder la oportunidad de compartir buenos momentos, y de disfrutar de la vida.

"Ten siempre en mente que tu propia decisión para tener éxito es más importante que cualquier otra cosa".

Abraham Lincoln

EL ADOLESCENTE Y L@S AMIG@S 

L@s amig@s son una base muy importante para la adolescencia, por eso hay que saber elegirlos bien, en esta etapa llegarás a confiar más en ell@s que en tus padres o herman@s, tus amig@s tendrán tu edad o más o menos la misma y os veréis muy identificad@s el/la un@ con el/la otr@.

Como te he comentado anteriormente, en esta etapa llegan muchos cambios, de emociones, de gustos, y es cuando empiezas a establecer comunicación más amplia con los amigos, ya te apetece salir, conforme vas creciendo quieres estar más tiempo fuera de casa.

Hay much@s adolescentes que tiene su grupo de amigos desde la infancia, pero hay otr@s que no los tiene, ya sea porque han cambiado de colegio, porque no saben integrase en el grupo, o simplemente porque están cerrad@s a tener algún grupo por algún motivo especial como el que hemos hablado antes, como son los problemas en casa, etc…

Un/a chic@ que quiere integrarse en un grupo va a tener muchas resistencias mentales a la hora de intentarlo, pensará en si se ríen de él/ella, en si algún miembro del grupo se burla o si es despreciad@ por el grupo y no lo aceptan. No sé si este es tu caso, pero si es así, vamos a buscar soluciones para todos esos problemas y te pondré algún ejemplo de los que ya han pasado por ahí y de cómo lo afrontaron.

A veces, queremos ser una persona que no somos y solo lo hacemos con el propósito de encajar en el grupo que creemos que es el mejor y el que vamos a ser mejores, en el que vamos a creer que seremos igual a esas personas, muchas veces hacemos cosas de las que luego nos arrepentimos.

Sé que l@s amig@s son muy importantes en nuestra vida, pero debes de ser muy comprensivo contigo mism@ y saber cuáles son los que te mereces.

- ¿Son tus verdader@s amig@s?

- ¿En ocasiones has hecho algo que no querías solo por ser del grupo?

- ¿Te obligaron a hacerlo?

- ¿Te llamaban cuando ellos querían o siempre contaban contigo?

- ¿Te metes en líos serios cuando estáis juntos?

- Si dices en algún momento que no, ¿te hacen sentir culpable y hasta te dejan de lado?

Recuerdo a un chico en su adolescencia, tenía 16 años y tenía su grupo de amigos, siempre estaban haciendo gamberradas, pero una de ellas se les fue de las manos, entraron a robar a una gasolinera, y cuando estaban dentro, los amigos dejaron a este chico solo y no le avisaron que habían visto a la policía, este se llevó todas las consecuencias. A raíz de eso, los padres de los otros chicos no dejaron juntarse a los amigos con él, a raíz de pillarlo la policía decían que era una mala influencia, lo que no sabían es que sus hijos también lo eran.

Con esto lo que quiero decirte, es que todos hemos hecho gamberradas, pero hay que saber hasta dónde se puede llegar, y lo más importante saber hasta dónde van a llegar los demás por ti. A este chico lo dejaron de lado, y nunca más se juntaron con él, lo humillaban y se reían de él, este solo quería seguir estando con sus amigos, pero estos lo sacaron del grupo. Él estaba solo y empezó a juntarse con malas compañías, puedes imaginarte donde acabó. Hoy en día es un adulto que está metido en la droga y cuando sale de la cárcel no tarda ni siquiera un año en volver a entrar. Pero de esto te hablaré en el siguiente libro **ENCUENTRA TU CAMINO**, que va relacionado con las adicciones.

A veces los amigos no son lo que creemos. Tienes que tener en cuenta que los amigos que elijas van a marcar toda tu adolescencia, y emocionalmente si no somos conscientes, de adulto crearás conductas poco favorables a causa de ello.

Me gustaría hablarte de la dependencia con los amigos, de esto también hable en mi primer libro. **No te aferres a la vida ¡VIVELA!** y es que muchas veces dejamos de ser nosotr@s mism@s solo por encajar en cualquier grupo de amig@s.

Tu eres una persona única, no hay dos iguales como tú. Tienes que aprender a saber quién eres en todo momento y no tengas la necesidad de imitar a nadie solo porque sea más popular que tú en ese momento. Más del 75 % de los adolescentes suelen imitar a los que son más populares o tienen aquello que los demás desean, déjame decirte que solo por intentar ser como ell@s no lo vas a conseguir. Sé que no te gusta que te diga estas cosas así tan sinceras, y hasta puede que te siente mal que te lo diga. ¿Has oído alguna vez esta frase?

NADIE PUEDE BRILLAR EN ESTRELLA AJENA. Y es que cada persona tiene su propia esencia y tiene que ser uno mism@ para poder brillar por sí mism@. Esto aplícalo en todas las áreas de tu vida. **No hagas nada por impresionar a nadie.**

¿Para ti que significa la palabra esencia?

Según la RAE, lo más importante y característico de una cosa, entre otras definiciones.

Para mi significa, tener tu propia personalidad, esa luz que no tiene otra persona, ese carácter, esa marca que te define como una persona diferente a cualquiera. Solo debes de saber cómo quieres que sea tu esencia, para bien o para mal. ¡Tú eliges!

¿Vas a fumar solo por creer que así eres mejor persona?

¿Vas a insultar a una persona más débil solo por encajar y hacer reír a otras personas?

¿Vas a molestar a esa misma gente solo por impresionar a alguien?

Nunca hagas nada de lo que puedas arrepentirte después, sabes que estás en una edad de descubrir muchas de las cosas de tu vida, vas a ver un cambio físico, pero el interno es el que debes de cuidar primero. Tanto físico como emocional.

Hay grupos de amig@s fantásticos y es@s merecen mucho la alegría. Pero déjame decirte que hay otras personas que sufren mucho de **bullying** o de **dependencia emocional**. No seas tú un@ de ell@s, ni un@ ni otr@. Y sobre todo no hagas bullying, pero si por casualidad lo has hecho siendo o no consciente, párate a pensar y deja de hacerlo. NADIE ES MAS QUE TÚ, PERO MENOS TAMPOCO.

¿Qué es el bullying?

Es el peligro que sufre un/a persona a daños físicos y psicológicos de forma intencionada y reiterada por parte de otr@ o de algún grupo de ell@s.

Causas.

No todos los casos son iguales, dependen de la edad y el caso en concreto. El/la acosador/a o acosadores no suelen tener empatía hacia el/la acosad@, por ello no es capaz de ponerse en el lugar de lo que puede llegar a sufrir una persona que es acosada. El origen de una persona que acosa a otra puede ser a causa de la ausencia de alguno de sus padres o que alguno de ellos tenga una conducta violenta, y una situación así, puede desarrollar el/la acosador/a una actitud agresiva y en su adolescencia sea violent@, además, si no se trata a tiempo, esta conducta de adult@ puede ser aún más grave.

Síntomas.

Esa persona que está siendo acosada puede presentar alguno de estos síntomas y el padre/madre o tutor debería de estar alerta de ello, e incluso un herman@ o alguien cercano.

- Tiene problemas de memoria, le cuesta concentrarse y estar atento y tiene un bajo rendimiento escolar.

- Depresión, ansiedad, irritabilidad, falta de apetito, dolor de cabeza, malestar generalizado, cansancio, sensación de ahogo, etc.

- Tiene dificultades para dormir, suele tener pesadillas y/o insomnio.

- Aislamiento social, apatía e introversión.

- Está de manera constante en estado de alerta.

- No tiene ganas de ir al instituto, colegio, ni juntarse con otros niños.

- Falta al colegio de forma recurrente.

- Tiene Sentimientos de culpa y se hace responsable de los hechos.

- Suele huir y evita cualquier situación.

- Niega cualquier cosa que le hagan.

- Llanto incontrolado, respuestas emocionales extremas.

- **Miedo** a perder el control o **a estar solo**.

- A veces puede tener síntomas como temblores, palpitaciones, inquietud, nerviosismo, pesimismo, etc.

- Amenaza e **intento de suicidio**.

A veces, **no somos conscientes de hasta dónde puede llegar una persona que está siendo acosada por algún/a compañer@** y estos ejemplos quiero

que los tengas en cuenta para que seas consciente que una broma puede llegar a que otra persona sufra muchos de estos ejemplos que acabas de leer y muchos más, y si es el caso que estás sintiendo estos síntomas, en este libro te daré unas pautas para que salgas de ese estado.

En ningún momento tomes ninguna decisión por muy mal que te sientas, habla, habla y habla con tu madre, con tu padre, con tu ti@, con tu hermano…con quien sea, pero desahógate con alguien, **recuerda que tú eres un ser especial, que ha venido a este mundo a brillar,** y el querer encajar en algún sitio te va apagando, porque crees que nadie quiere estar a tu lado y eso no es cierto, lo que pasa es que buscas en el lado equivocado. Puedo comprenderte cómo te sientes, ya que yo también he tenido algún que otro capítulo así en mi vida.

Muchas veces nos comportamos con las personas de una forma que a ellas no les gusta, y no somos conscientes del daño que puede tener esa otra persona, tú eres más fuerte y te lo tomas a risa, pero esa persona que es más débil, será un mundo para él/ella.

Cuando me separé volvimos al pueblo de donde yo soy, él tenía 5 años y yo sé que cuando eres un hijo de padres separados sufres mucho más que el que está con sus padres conviviendo. Me refiero por el tema de separación y tener que amoldarse a las dos casas y la nueva vida compartida. Si tú eres un@ de ell@s me entenderás de lo que te estoy hablando

Bien, él se apuntó a futbol, cuando se cambió de colegio, sus amigos ya llevaban más tiempo jugando y se notaba como jugaban. Estuvo dos años en el equipo y decidí no llevarlo porque lo cambiaban de categoría y él se desanimaba, y dejó de ir, pero cuando fue más mayor quiso volver a ir a jugar, asique volvió a apuntarse. Yo como madre sufría mucho porque no sabía cómo iba a estar, y pensaba en si le volverían a cambiar, no entendía que en una escuela de futbol se dedicaran solo a querer ganar, pero está claro que yo no entendía mucho de eso y supongo que en todos los lados tendrán sus normas.

Empezó de jugador y como veía que se metían con él, hacía falta un portero y no se lo pensó dos veces, él quería ser portero. Yo me echaba las manos a la cabeza y pensaba en si esa iba a serla mejor opción. Mi hijo me contaba que se metían con él, pero al principio no quise darle importancia, empecé a pensar que lo mismo era cosa de él y que en realidad se lo tomaba todo a pecho.

A lo largo de la última temporada, mi hijo iba bajando su rendimiento, al principio no le daba miedo tirarse hacia el balón, pero llegó a estar clavado como un palo y no se movía de la portería, había otro niño que jugaba mejor que él, y lo preferían a él para los partidos.

Recuerdo una ocasión, lo pusieron de jugador y no tenía el equipaje, mi hijo estaba contentísimo porque hacía tiempo que quería volver a ser jugador porque decía que así no se meterían con él, ya que lo llamaban manco y esas cosas que se les dice a los porteros cuando te meten muchos goles. Yo me fui corriendo a mi casa y cogí el equipaje de jugador, no entendía como lo iban a poner e iba a jugar con distinta ropa ¿o acaso era esa una excusa para no poder sacarlo al campo? Pues bien, finalmente jugó, y cuando su padre le recriminó al entrenador por qué no había jugado de portero, estas fueron sus palabras: ¡¡ porque quiero ganar el partido!!

Mi pregunta es. ¿qué te estás jugando? Para mí lo primero es **el trabajo en equipo y sobre todo el respeto hacia tus compañeros**, **y la disciplina. Enseñar unos valores e intentar que no los pierdan nunca.**

Bien, casi al final de la temporada pude comprobar como en un entrenamiento empezaron a burlarse de él, alguno de los niños se metía con mi hijo. Sé que cuando sean más mayores se reirán de esas anécdotas, pero recuerda que todo eso lo ha llevado arrastrando por mucho tiempo. Yo también me culpo, porque debía de haber hablado con los padres de esos niños, pero tenía miedo a discutir con ellos, y prefería decírselo al entrenador para que mediara con ellos.

También sentía que podría estar equivocada y darle más importancia de la que podría tener, además no sabía que hacer ya que yo tampoco pasaba por buena etapa y mi autoestima no era muy alta. La sorpresa es que el entrenador los animaba y se reía con ellos cada vez que lo hacían. (de eso me enteré después) en ese último entrenamiento, mi hijo salió del campo llorando, y el encargado del campo de futbol lo vio y estuvo hablando con él.

Esa fue la excusa perfecta para desconvocarlo en el último partido de la temporada, y además en los dos torneos que jugaron después (según ellos, mi hijo debería de haber hablado con ellos, y no con la persona con la que habló) no sé si te puedes hacer una idea de lo que puede sufrir una madre a ver ese desprecio hacia tu hijo. Y ver cómo viene destrozado, desanimado, pero él quería seguir jugando a futbol y ahí es cuando le dije que no. No puedo evitar emocionarme al contarte esto, porque la historia no quedo ahí, aparte de eso, no tuve apoyo de ningún padre/madre sobre este tema, pero tampoco sé si en algún momento, supieron lo que pasó en realidad, pero no quiero entrar en detalles, solo voy a decirte que puse una queja y finalmente esa persona se fue, aunque a mí no me importaba que se fuera del futbol o no, pero para defenderse, difamó sobre mí, cosas personales que no eran ciertas.

La siguiente temporada mi hijo, quería seguir jugando, y finalmente lo inscribí en otro equipo, en el pueblo de al lado, tengo que dar las gracias a las personas que estuvieron con él, y que cuando lo vieron clavado debajo de la portería hasta temblaba de miedo por si le metían un gol, lo animaban, ayudaban y motivaban para salir a por el balón. Él quería seguir, pero ya tenía esa emoción clavada en el que lo limitaba a moverse debajo de los palos. Puedo decirte que después de los primeros meses empezó otra vez a soltarse y estaba muy contento, tuvo unos compañeros que eran todos uno, con sus compañeros anteriores ahora ya se lleva mejor, él no podía evitar sentir rabia por ellos, y poco a poco hemos conseguido que viese las cosas de otra forma y sobretodo no sentirse inferior a nadie.

Esta historia que acabo de contarte lo hago para que veas que, aunque tú seas mejor que otra persona en algún área, ya sea en futbol, en idiomas o en cualquiera otra área, no tienes por qué reírte de una persona.

Mi hijo no tenía ganas de ir al colegio, siempre se buscaba una excusa para no poder ir, estaba enfadado con todo el mundo, lo pagaba con las personas que eran más débiles o más pequeñas que él, como sus primas.

Una persona que pasa por un momento así, es un periodo bastante duro tanto para él, como para la familia. Estoy muy orgullosa de él, porque, aunque tiene sus rabietas, es un chico súper humilde, y esa rabia le sale de vez en cuando, pero lo más importante es que cada vez que se siente así, desaparece antes porque sabe tomar acción y enfocarse en lo bueno.

También he de decir, que la mayoría de las veces, nos callamos para no sacar las cosas de contexto, o creemos que no es para tanto, y si se habla de un mal comportamiento, a un padre/madre de su hij@, seguramente no llegue a pasar cosas como la que te acabo de contar.

En casos de bullying o acoso, normalmente deberían poner límites los profesores que están en ese momento, ya que yo solo puedo saber lo que me cuenta mi hijo, en este caso. Muchas veces intentamos no darle importancia para no montar un espectáculo, pero nos olvidamos de las personas que realmente lo sufren, tanto el acosado como el acosador.

El acosado, porque en ese momento está siendo víctima de un compañero o de su grupo, y por otra parte del acosador o el mismo grupo, porque si no ponen remedio sus padres, por ejemplo, no serán conscientes y no podrán reeducar a su hijo, y habrá más casos, como el que le sigue al líder del grupo y se mete con una persona para seguir siendo aceptado por él. Esto se puede convertir en un círculo vicioso, que hay que romper por completo de una forma u otra. Ahora, tanto en el colegio como en el instituto está el plan **TEI (tutorial entre iguales)** es un programa de convivencia para la prevención de la violencia y el acoso escolar.

Existen varios tipos ante el acoso y formas para intimidar a su víctima:

Acoso físico: El acosador golpea, empuja o utiliza algún instrumento para hacer daño físico a su víctima. También suele esconder sus cosas.

Acoso verbal: Es cuando insultan a una persona, ponen motes, hacen amenazas o provocan a otro niño.

Acoso social: Se produce cuando el acosador decide aislar a su víctima, divulga rumores, convence a otros niños para que no hablen con él o lo humillan en público para que el acosado se sienta aislado.

Acoso sexual: Son todas las acciones que tienen que ver con los actos sexuales (como tocamientos no consentidos) o que se burlan de la orientación sexual de la víctima…

Acoso por internet *o* cyber bullying: Este tipo de acoso escolar ocurre a través de móviles, tabletas, ordenadores, etc. Aquí el acosador suele enviar mensajes desagradables ya sea por WhatsApp u otra app; difunde rumores, o imágenes y vídeos humillantes, así como crear perfiles falsos que pueden resultar embarazosos.

Este tipo de acoso está aumentando cada vez más y se identifica porque, a menudo, **los niños que sufren *cyber bullying*, también son acosados en persona**. Además, por las características de internet puede suceder 24 horas al día, todos los días de la semana y afectan a el/la niñ@ cuando está sol@.

Te comparto este cuento

EL PÁJARO CALVO
Cuento sobre el acoso escolar

En la espesura del bosque vivía un pequeño pájaro de pico marrón con plumas azuladas y verdes. Pero este pájaro no tenía plumas en la cabeza. Era totalmente calvo. Sin embargo, su mamá lo amaba igual que a su otro hermanito.

Su mamá le enseñó a correr, a saltar, a volar y sobre todo… a cantar y a ser feliz sin que sintiera complejo por su diferencia física.

Un día su madre le dijo:

- Pajarito Luis, ya tienes edad de ir a la escuela y hacer nuevas amistades.

El pajarito Luis sintió miedo al rechazo y le dijo:

-Mamá, en la escuela se burlarán de mí.

La madre se acercó con mucha ternura y le explicó:

-Pajarito Luis, **sólo eres un poco diferente a los demás; pero eso no te hace inferior al resto.** Los amigos te aceptarán como eres. Y dándole un piquito le animó a que volara hacia la escuela.

Cuando llegó a la escuela, observó que ésta era una hermosa colina con aromáticas flores, árboles con toda clase de frutas y un pequeño riachuelo para beber agua.

Muy contento se posó sobre una rama de un pequeño árbol donde estaban otros pájaros y al tratar de hablar con ellos éstos comenzaron a burlase señalándole la calvicie. El pajarito Luis se sintió muy triste y le salieron dos lagrimitas de los ojos.

Cuando sonó el timbre del recreo todos los pájaros bajaron de las ramas al suelo para jugar al fútbol dejando al pajarito Luis fuera del grupo.

Pasados unos minutos todos empezaron a señalarle y a burlarse del él al verlo en la orilla del río echándose agua en la calvita para refrescarse ya que el sol lo estaba abrazando demasiado.

- ¡Mira, la calva le brilla con el sol! -seguían riéndose.

Y otros cantaban:

- "Que brille la luna, que brille el sol, que brille la calva de ese señor."

El pajarito Luis muy triste y cabizbajo se apartó del lugar y se sentó bajo la sombra de un árbol. Mientras los demás seguían burlándose, una pajarita llamada Rosita de plumitas rosadas y blancas le estaba observando y acercándose le dijo:

- ¿Te gustaría ser mi amiguito?

Al pajarito Luis le brillaron los ojos de emoción y le contestó que sí.

Según pasaban los días el pajarito Luis seguía siendo **objeto de burla en la escuela** hasta que un día su amiguita la pajarita Rosita tomó una decisión. Llegó muy temprano a la escuela con la cabeza totalmente calva. Se había arrancado las plumas de la cabeza para estar igual que su amiguito.

Los demás pájaros que iban llegando a la escuela se sorprendieron al verla sin decir ni media palabra. Pasados unos minutos algunos de estos pájaros que se habían estado burlando del pajarito Luis hicieron lo mismo que la pajarita Rosita. Se arrancaron las plumitas de la cabeza y se quedaron calvos.

Lejos de la escuela, en su casita, el pajarito Luis le lloraba a su madre porque **no quería volver a la escuela.** Ya no soportaba las burlas, estaba sufriendo mucho y muchas veces aparecía dentro de él un sentimiento de enojo. Pero su madre con mucho amor le animó a seguir adelante diciéndole:

- No es más fuerte el que más sufre, sino el que en medio del sufrimiento tiene la fortaleza para no pagar a nadie mal por mal.

El pajarito Luis después de escuchar el mensaje de su mamá se le pasó el enojo y voló hacia la escuela. Allí como de costumbre se posó sobre la rama del pequeño árbol donde estaban los demás pájaros y agachó la cabeza.

- ¡Hola pajarito Luis, perdónanos! ¡Queremos ser tus amiguitos! _-dijeron muchos pájaros.

El pajarito Luis levantó la cabeza y se sorprendió a verlos a todos con la cabeza calva. Al sonar el timbre todos bajaron a la colina y como de costumbre comenzaron a jugar al fútbol, pero esta vez incluyeron en el grupo al pajarito Luis.

Pero mientras jugaban el sol comenzó a calentarles la calva y corrieron al pequeño río a refrescarse la cabeza. Una vez allí empezaron a mirarse unos a otros y comprendieron que **es muy fácil burlarse de los demás cuando no estamos en su misma situación.**

Al final todos se hicieron muy buenos amiguitos.

Desde entonces, la mamá del pajarito Luis le empezó a hacer lindos sombreritos para cubrirse del sol al ver que ya era aceptado por el grupo.

Autora: María Abreu

¿Qué consigues metiéndote con otra persona?

____

____

¿A dónde quieres llegar con esa actitud?

____

____

¿Crees que así eres mejor persona?

____

____

¿No crees que todos podéis llevaros bien en la medida de lo posible? ______________________

Cada cual lleva sus problemas dentro suyos, ¿Por qué quieres más problemas? O ¿Por qué quieres generar problemas a otra persona?

¿No sería mejor pararse a pensar y sentir quien eres en realidad?

Contesta a estas preguntas y sé sincero contigo mism@. Te voy a dar unos consejos que te van a ir muy bien.

No te compares con nadie, cada uno es como es y cada persona tiene su tiempo para aprender, entender y madurar. Cada persona debe respetar el tiempo de los demás.

¿Has oído alguna vez? **No hagas lo que no te gusta que te hagan**. Cuando tengas las ganas de hacer o decir algo a alguien, detente dos minutos antes de hacerlo y piensa si te lo hicieran a ti como reaccionarias.

Recuerda que cada un@ tiene su religión y sus costumbres, es bonito estudiar cada tradición diferente, pero si no tienes afecto hacia ello, por lo menos respeta. Acuérdate del punto anterior.

Si eres un/a chic@ popular no la uses para despreciar a nadie, recuerda que algún día puede darse la vuelta y lo que hoy es él/ella mañana puedes ser tú.

Si estás cabread@ o enfadad@, no busques pelea, intenta calmarte y resolver cualquier conflicto desde la calma. Porque cuando sientes ira, rabia o dolor se pueden hacer o decir cosas que luego puedes arrepentirte.

Voy a contarte algo que leí en algún momento y me gustaría que lo practicaras.

Coge un papel y arrúgalo todo lo que puedas, bien, ahora ábrelo e intenta dejarlo como estaba antes, ¿no puedes? ¿Por qué? Pues lo mismo pasa con los sentimientos. Cuando haces daño a una persona, y más tarde vas a solucionarlo, seguramente te podrá perdonar, pero el daño ya está hecho. Piénsatelo dos veces a la hora de hacer daño a alguien. Y recuerda que **lo que hoy me pasa a mí, mañana te puede pasar a ti.**

En el siguiente capítulo te seguiré contando acerca de este tema.

"Superar el abuso no ocurre solo. Se hace paso a paso y positivamente. Que hoy sea el día en que comienzas a moverte hacia delante"

Assunta Harris.

Empieza el instituto y todo es nuevo para los que entran en su primer año, están todos nerviosos (unos más que otros) los padres también parece que estén nerviosos, por los libros, si las matriculas estaban bien hechas, etc…

Se pueden ver en los pasillos como van buscando cada uno su clase para saber dónde tienen que ir, el horario de cada clase, los materiales…

Ya se puede ver el cambio que empiezan a dar, empieza la época de la adolescencia, como te he comentado anteriormente, normalmente su etapa es desde los 12 hasta los 21, en algun@s niños es más temprana y en otr@s más tardía.

Se encuentran los compañeros que dejaron cuando empezó el verano y algunos están algo cambiados, las chicas, la mayoría empiezan a desarrollarse, los niños tardan un poco más, pero de ver a las chicas les entra esa risa nerviosa, sus hormonas ya están revolucionándose y empiezan a fijarse en el físico de ellas.

Se pueden ver corrillos de ellos cada vez que pasa una chica y las risas y comentarios hacia ella. Para algunas es algo molesto, pero otras disfrutan de eso. Les encanta sentirse alagadas e importantes.

En esta edad hay que tener en cuenta, que empiezan a notar esos cambios de humor, a parte de los cambios físicos, tanto los chicos como las chicas también cambian emocionalmente. En la adolescencia la mayoría sufren unos cambios muy importantes.

A la mayoría de los adolescentes les cuesta coger un buen hábito de estudio. Pero al empezar el instituto, todo es nuevo, a parte de esos cambios físicos y emocionales, tienes el cambio de estudio, se tienen que aplicar de otra forma, tienen que ser más independientes para tomar apuntes, anotarse los exámenes… prácticamente todo cambia, y esta adaptación también es muy importante, pero más del 70% de los adolescentes, se enfocan más en la diversión con los amigos, en las chicas y chicos, que en lo que es el estudio en sí.

Si hay otros adolescentes más aplicados en clase o cuando llegan a casa tienen unas normas que estas, les hace estudiar y no dejar atrás el curso.

Sé que estás en una etapa en la que quieres reírte, divertirte y hasta experimentar lo que es el amor entre otras cosas, es algo natural ya que estas cambiando. Pero déjame decirte una cosa.

¿Cuánto tiempo vas a estar perdiendo el tiempo?

¿Cuantas veces habrás dicho que él profesor/a te tiene manía?

¿Cuantas veces has odiado a tu profesor/a solo porque te ha puesto demasiados deberes o simplemente porque te nombra demasiadas veces en clase?

La verdad es que cuando te nombra es, porque eres uno de los mejores estudiantes de clase o, todo lo contrario.

Si no aportas en clase y lo único que haces es molestar al profesor, y a la propia clase. Lo único que harás es enfadarl@ y te sacará de clase. Si no llega a llamar a tus padres y/o ponerte un parte. Al principio puede resultar gracioso para ti y tus amigos, pero cuando te llegue algún castigo por parte de tus padres y/o profesores te enfadarás sin motivo ya que tú eres el responsable de todo lo que llegue después, como los suspensos.

Siempre tendemos a echar la culpa a la otra persona y el 95% de las ocasiones en realidad ocurren por nuestra culpa. Pero cuando llega junio entonces es cuando nos entran los nervios. No has dado un palo al agua y ¿ahora quieres aprobar? Te voy a poner un ejemplo:

Recuerdo el primer curso del instituto de mi hijo. Estuvo todo el curso discutiendo con los compañeros, solo se centraba en lo que le hacían o le dejaban de hacer, estuvo haciéndose el gracioso en clase para llamar la atención, y encajar en un grupo. Finalmente acabó almorzando solo en los vestuarios. Sé que lo pasó mal y yo en ese momento no sabía ayudarle. Conforme iba acabando el curso estuvimos razonando y llegamos a la conclusión de que todo eran patrones antiguos y maneras de ver las cosas. De lo que te conté en páginas anteriores.

Se lo tomaba todo a mal cuando alguien le hacía una broma pesada, al final lo estudiamos y poniendo ejemplos lo entendió perfectamente, más adelante te daré unos tips, para cuando te pase algo similar ya sea a ti o a tu hermano, compañero…Porque cuanto antes salgas de ese estado emocional, muchísimo mejor para tu vida futura.

Quiero ponerte algún ejemplo de famosos para que veas que no solo eres tú el/la que puedes estar pasando por ello, o que esa persona a la que tanto admiras un día le hicieron lo que tú estás haciendo a otra persona, según en el perfil que estés en este momento.

Estos famosos, a pesar de que ahora se encuentran en lo más alto, son un ejemplo a seguir para muchas personas, ya que durante su infancia y/o adolescencia sufrieron terriblemente de bullying, y te comparto algunas de las publicaciones que han hecho en algún medio de comunicación. Te lo comparto tal cual lo leí…

Daniel Radcliffe, el actor que dio nombre a Harry Potter, no fue un adolescente popular; los chicos hacían burlas muy crueles sobre él. en una ocasión, él ya tenía 14 años, le plantó cara a uno de sus maltratadores, este tenía 19 años y no salió muy bien parado el actor. aun así, siguió hacia adelante y se convirtió en una gran estrella.

Selena Gómez. Lo que Selena sufrió no fueron burlas sino rechazo social, nunca fue admitida entre sus compañeros, por lo que tuvo una infancia muy solitaria. Selena es una de las celebridades que más comprometidas están con las campañas contra el acoso escolar, pues asegura que es una etapa muy sensible y complicada en la vida de las personas como para que sufran este tipo de abusos.

Demi Lovato. no sólo tuvo que soportar burlas, sino que el acoso ya atentaba contra su integridad física; cuenta que el punto más terrible fue cuando la dejaron encerrada en el baño con las luces apagadas. Sufría tanto que se vio obligada a terminar sus estudios con clases particulares. Toda su infancia y adolescencia está marcada por esos horribles episodios, es algo que la cantante aún no supera del todo.

Jessica Alba era golpeada y acosada por todos sus compañeros, incluso almorzaba con las enfermeras del colegio para no salir al comedor y que la ofendieran. De igual forma, su padre la dejaba hasta el salón de clases para que no la golpearan. Era rechazada por ser pobre, pequeña, delgada, con dientes raros y con un acento texano imposible de esconder.

Justin Bieber, Nunca ha especificado el tipo de burlas que recibía en la escuela o por qué, pero sí ha confesado que toda su adolescencia fue acosado por los abusadores del salón de clases. Ya como adulto se involucra mucho en las campañas contra el bullying, pues asegura que este tipo de sufrimiento puede destruir a una persona.

Como ves, no eres la única persona que ha pasado por ahí, y te pongo algunos ejemplos para que puedas comprobar que, hay gente famosa que ahora los ves geniales, pero a tu edad lo pasaron muy similar a ti, pero aun así consiguieron lograr su sueño, sin importar la gente que quiso amargarles y/o retenerles.

Y yo quiero que tu hagas lo mismo, **siempre hacia adelante y sin mirar atrás.**

"La violencia no resuelve los conflictos. Sólo crea conflictos nuevos".

Si eres una persona que estás sufriendo bullying o acoso, te recomiendo que intentes actuar de esta forma:

-Mantén la calma, no entres al trapo, ese es su juego y si le contestas o gritas o te enfadas, llorar o intentas defenderte, intentará por todos los medios volver a provocarte y al final acabarás llevándote tú el castigo y ellos volverán para divertirse.

Lo mejor es que intentes calmarte y buscar una solución más correcta.

-No actúes como él/ella, seguramente se espera que te defiendas, intenta tener un diálogo amable para que te deje en paz, pero sin que te tiemble la voz.

-Puedes pensar la manera de responderle, ya sea practicando en casa, con un amigo o frente al espejo.

-Si ves que sigue igual, te sigue molestando debes de hablar con tus padres, y/o profesores para que tomen medidas.

-Una cosa más, a ti te están molestando en clase, y sabes cómo te sientes con esa situación. No intentes hacer lo mismo con alguien más débil que tú, ya sea un hermano más pequeño, primo o quien sea. Al contrario, debes ver que, si te lo hacen a ti, no tienes que permitir que nadie más lo sufra, no te estoy diciendo que te conviertas en un supe protector, porque no te tomarán en serio, y hasta se pueden sentir molestos o agobiados, pero si ves alguna situación similar, pregúntale…

¿Te encuentras bien? Acabo de ver algo que no me ha gustado. ¿Necesitas hablar con alguien? No dudes en pedir ayuda si la necesitas.

Simplemente acércate para que sepa que no está solo.

"Todo esfuerzo tiene su recompensa"

Había un grupo de caracoles paseando por el campo, se llamaban Flip, Coni, Plam y Zas, iban a su ritmo y estaban muy felices cantando. Decidieron jugar a desafíos y comenzaron a decir cada uno lo que para ellos sería un gran esfuerzo.

Zas fue el primero que dijo de ir hasta la orilla del rio sin descansar, y decidieron ir hasta allí, estuvieron más de veinte minutos arrastrándose por el campo hasta llegar.

El segundo reto lo propuso Flip, dijo- yo atravesaría el rio, más adelante hay un tronco de un árbol que cayó y lo atravesaremos. Y así hicieron, cuando ya estaban descansados del primer reto, avanzaron hasta llegar al tronco del árbol y se dirigieron a cruzarlo.

Coni fue el tercero que dio la idea del penúltimo reto, a este no se le ocurrió, nada menos que ir hacia el pie de la montaña de las águilas, cuando Coni les dijo cuál era el reto se alborotaron porque ya estaban cansados, pero aun así lo intentaron, después de varias horas arrastrándose hasta llegar al lugar donde dijo el tercer caracol, por fin pudieron descansar y parar a comer.

Finalmente, quedaba Plan, pero estaban agotados de todo el día que llevaban, pero él siempre había tenido un sueño, y que mejor oportunidad que cumplirlo ese día, entonces dijo. – ahora me toca a mí! Y yo propongo subir hacia lo alto de la montaña.

Los demás se negaron rotundamente, pero al ver que Plam se enfadó porque no querían hacer lo que el proponía, cedieron en acompañarle. No llevaban ni la mitad escalado, cuando Zas, se paró y les dijo que cuando bajaran se encontrarían.

Los demás siguieron avanzando, descubrieron nuevos lugares, además de comida diferente, pero Coni y Flip decidieron descansar, y dijeron que seguirían más tarde. Pero Plam no se quedó parado, siguió hacia arriba y solo quería ver lo que había en lo más alto de la montaña. solo podía oír los gritos de sus amigos que decían:

-Baja Plam, ya es tarde y es muy peligroso.

-No subas más, no ves que nosotros no hemos podido, tu tampoco vas a poder.

Plam, oía a sus amigos y muchas veces paraba para oírlos, y se venía abajo, pero había algo que le empujaba hacia arriba. La historia de un gigante que podía volar. (Según contaban, ese gigante medio más de dos metros, tenía unas alas donde cabían mas de 100 caracoles en cada una) él siempre se imaginaba encima de ese gigante, volando como si fuese un gran pájaro.

Siguió hacia adelante, y dando sus últimos intentos por no caerse hacia abajo, pudo posarse en una piedra llana. Estaba sin aliento, llevaba horas subiendo aquella montaña, y sus amigos solo hacían que desanimarlo. Plam quería subir, pero nunca llegaba hacia la cima. Y pensó:

-Creo que debería darme la vuelta, finalmente ellos tenían razón, no puedo subir hasta la cima, ya casi no los veo y no les escucho.

Empezó a levantarse para darse la vuelta, pero oyó algo que le motivo a seguir un poco más. ¿qué sería ese ruido?

Al asomarse por encima de la piedra, pudo ver algo grandísimo que se parecía un pájaro, pero en gigante (era exactamente como le habían contado), tenía un pico 10 veces más grande que él. Sintió mucho miedo, pero a la vez estaba orgulloso de haber subido a la cima de la montaña. No pudo evitar gritar de la emoción. Y cuando dio ese grito, se giró el águila asombrada.

-Hola! ¿tú quién eres?

-Soy Plam, (dijo tembloroso). ¿Y tú?

- Yo soy Teddy, el águila real. ¿Qué haces aquí arriba?

-Muy asustado contestó, he venido porque era mi sueño saber que tú eras de verdad.

- ¿Ah sí? ¿Y cómo has llegado hasta aquí tu solo?

- Me he caído varias veces, llevo alguna herida y aunque mis amigos hace rato me dejaron solo, he podido llegar arrastrándome con mucha fuerza.

Por muy difícil que parezca el camino, si perseveras triunfarás.

Teddy estaba tan asombrado de lo que había hecho

Plam para poder verle, que lo cogió con su gran pico, lo posó en su cogote y lo llevó hacia el rio.

De lejos los demás pusieron verlo con sus propios ojos, y estuvieron lamentándose durante mucho tiempo.

*No importa lo duro que se ponga el camino, no importa lo que hagan los demás, no importa las barbaridades que puedan decirte solo porque ellos se rindieron. A veces, cuando una persona no se ve capaz de hacer algo, tiende a romper los sueños de los demás. **No dejes que nadie rompa tus sueños**, sigue adelante, y cuando menos te los esperes, ahí encontrarás la victoria. **Brilla con luz propia y no dejes que nadie te limite.***

Borra palabras de tu vocabulario.

Empieza a evitar decir palabras negativas en tu vocabulario, así lo único que harás es estar todo el día negándote a ti mism@.

No puedo, **no sé, no soy capaz**…estas palabras te limitan y te hacen creer que es cierto que no puedes o no eres capaz, en vez de eso cámbialo por… **lo intentaré, soy capaz, yo puedo, yo si sé:** es mejor intentarlo mil veces a no hacerlo nunca, a veces no conseguimos las cosas por no intentarlo y no tenemos la confianza en nosotr@s mism@s de que podamos lograrlo, date la oportunidad de hacerlo.

Todo esfuerzo tiene su recompensa, como decía el cuento del caracol, no se jugaba nada, solo su sueño y se esforzó hasta conseguirlo, su recompensa fue hacer realidad su sueño y es que **no hay que competir con nadie a no ser que ese alguien seas tú.**

Vence a la pereza: déjate de excusas y empieza a hacer aquello que quieres, tu mente te limita y tú le haces caso. En el momento que empieces a pensar que es demasiado tarde, o hace frio, calor, o cualquier otra excusa, tendrás un motivo para no hacerlo, y si en vez de eso empiezas a pensar, **si puedo, nunca es tarde, aunque haga frio o calor lo haré, eso no son excusas allá voy. Entonces con esa actitud lo lograrás.**

No te rindas: aun cuando no veas los resultados que quieres, sigue adelante, sigue esforzándote porque cuando menos te lo esperes ahí estará lo que buscabas, ahí estará tu premio, ahí habrás conseguido tu victoria de tus sueños.

Siguiendo con el tema de los estudios, quiero centrarme ahí porque, aunque este tema sé que no te gusta que te lo repitan, tenemos que ser conscientes de hacer las cosas bien y luego no tener que arrepentirte. Debes de crear un hábito de estudio que mejor se acomode a tu persona, y no me refiero a tener 5 minutos el libro abierto y después cerrarlo. A tod@s nos ha gustado salir después de clases e irnos con l@s amig@s, pero déjame decirte que todo esto ha cambiado, ahora la mayoría de los adolescentes si no están en clases particulares, se tiran casi toda la tarde con la videoconsola (no voy a nombrar a ninguna en particular) ¿o me lo vas a negar?

Te confías del tiempo que queda para que llegue el examen y cuando te das cuenta, lo tienes al día siguiente y ni siquiera has repasado nada, lo mismo pasa con los deberes, con los trabajos que tienes que presentar, etc…

No quiero sermonearte, ni mucho menos, aquí estoy para hacerte ver que puedes hacer muchas cosas más, que estar todo el día en casa. Si estás con los amigos en la otra parte de la pantalla, pero dime, ¿qué consigues con eso? Ahora no eres consiente, pero más adelante te podrías arrepentir. Como te acabo de decir.

Si te organizas bien, tendrás tiempo para todo. pero antes tienes que organizarte las tareas, para después poder disfrutar de la recompensa. Debes aprender a mirar hacia el futuro, y no importa la edad que tengas en este momento, no importa si tienes 13 años que si tienes 21. Si te consideras una persona adulta y quieres que te traten como tal, debes de demostrar primero tú que lo eres.

- ¿Quién soy?

___

- Si sigo comportándome de esta manera, ¿qué voy a conseguir dentro de dos años?

____

____

- ¿Y de diez?

____

- ¿Aparte de estar todo el día con los videojuegos o con el teléfono o cualquier aparato de tecnología, puedo hacer algo más?

____

- ¿El qué?

____

____

- ¿Puedo tirarme un día entero sin teléfono? __________

- ¿Qué pasaría si lo hiciera?

____

____

Me gustaría que, durante los próximos tres días, antes de dormir, dedicaras a escribir el tiempo que has pasado con la tecnología. Anótalo y cuando veas el tiempo que has utilizado, reflexiona sobre el tiempo que inviertes en ello y en tus estudios y/o a ti mism@, además de otras labores, como las de casa, tiempo con los familiares, etc…

- ¿Si cambio mi rutina, y me organizo mi sistema de estudios, que podría pasar?

____

____

- ¿Y si me aplico en los estudios?

____

- ¿Qué verano podría tener?

____

- ¿Tendría impedimentos a la hora de pedir algo?
______

- ¿Serian unas vacaciones diferentes? ____________

-¿Estaría pendiente de tener que recuperar alguna asignatura?_______________________________

- Lo más importante de todo, si cambiaras ¿Qué pasaría?

____

____

____

____

Contesta a todas estas preguntas, siéndote muy sincer@. Como te he dicho solo quiero que veas la diferencia de hacer una cosa a hacer otra. Quiero ayudarte a que veas la diferencia y yo no voy a obligarte, **tu futuro lo construyes tú**. Yo puedo aconsejarte y orientarte a poder conseguir un futuro mejor. Pero ya te adelanto una cosa. **Si tu cambias, todo cambia**.

Hay un ejercicio muy bonito que quiero compartirlo contigo, consiste en hacer un cuadro visionario, puedes hacerlo en una pared, en la puerta de tu armario, en una cartulina grande, como tú bien quieras. Seguramente tendrás poster del equipo que te gusta, tu cantante favorit@... Y si tienes eso, ¿porque no tener una parte con tus sueños?

Piensa bien en lo que quieres, y añádelo a tu cuadro visionario, ya sea el coche, la casa donde te gustaría vivir, el trabajo que te gustaría tener, el cuerpo que quieres tener...

Mentalízate en tus sueños y lucha por ellos hasta conseguirlo, porque eso si te digo, no creas que por tener tus sueños en un cuadro visionario van a venir solos, debes de tener una visualización y sobre todo acción, paciencia y perseverancia.

Debes de aprender a visualizar y una vez lo consigas entonces debes de tener la paciencia para esperar a que el universo te lo de. De esto de hablaré más adelante en como aprender y donde podrás encontrar estas técnicas tan maravillosas.

"Eres el dueño de tu vida y tus emociones nunca lo olvides. Para bien o para mal".

El principito

La adolescencia es la etapa donde los sentimientos se pueden sentir más románticamente, ya que vas a experimentar tu primer amor, ese que nunca se olvida, por eso es muy importante que lo disfrutes y lo vivas lo más bonito que puedas para poder así recordar siempre ese momento felizmente.

A lo largo de la adolescencia irás cambiando la forma de ver el amor según vayas creciendo. Al principio, aparte de comenzar a sentir esas emociones y te atraigan l@s chic@s, y seguramente sea más de un@. Más que nada porque tus hormonas se descontrolan y si nos pasa de adultos imagínate en tu cambio de etapa...

Como te iba diciendo, al principio, lo vivirás de una forma que querrás encajar en un grupo de amig@s y más si en ese grupo ya existen parejas que empiezan a formarse. Al final de la adolescencia lo verás totalmente distinto, ya sabrás en realidad que es lo que sientes por una persona y hasta querrás formalizar la relación.

Sería bueno que mantuvieras una buena conversación con tus padres, para que puedan ayudarte y/o aconsejarte en la etapa de tu primer amor, ten en cuenta que este marcará el futuro de tus relaciones.

Los profesionales sostienen que el amor en la adolescencia determina los parámetros afectivos de las personas.

Entonces cuanto mejor sea tu primer amor, tus relaciones futuras serán muy similares.

Pero, si es al contrario, vives una relación amargada, y desagradable lo más probable sea que se repita esa mala experiencia.

En el primer libro te hablo de una historia de amor que nunca llegó a nada, déjame explicarte algo más (en él te hablo de la dependencia emocional y sería interesante que lo adquirieras para poder ser consciente de los distintos tipos de dependencia que hay y puedas conocer alguna de las historias).

Una chica se enamoró de un chico, ella creía que sentían lo mismo el uno por el otro. Seguramente sería verdad, aunque eso solo lo saben ellos. los dos compartían afición a la música y es ahí donde se conocieron, desde que comenzaron a hablar, cada vez que se veían se buscaban, aunque nunca se dijeron nada acerca de sus sentimientos, pero las miradas lo decían todo.

Él era un chico muy estudiante y viajaba para perfeccionar los idiomas que estaba estudiando. En una de las actuaciones ella le preguntó a uno de sus compañeros, y este le dijo que se había ido para no volver más, que esta vez se quedaba allí. No recibió ningún mensaje ni nada. Y aunque se sentía triste por la noticia ella no quiso hacerle caso, aunque después de varios meses comenzó a creerse que era cierto. Después de un año, conoció a un chico y este le propuso conocerse y salir juntos, ella al principio se negaba porque quería seguir esperando al chico de la música, y una amiga le insistió en que debía de darse una oportunidad. Ella estuvo unos días pensando y al final cedió a conocer al otro chico. A los tres meses, en una actuación este decidió acompañarla, y su sorpresa fue encontrarse con el chico de la música, ella se puso muy contenta y fue a saludarlo, pero el al verla con el chico que estaba conociendo, se enfadó y le dijo que se fuera. Lo pasó muy mal, porque por fin había venido, pero vino en el momento equivocado, o como ella pensaba, ella tenía la culpa por haber empezado a conocer a este chico.

Estuvo casi 15 años intentando hablar con él, pero no lo consiguió, se registró a todas las redes sociales para buscarlo, cuando lo encontró, ella le hablaba. pero no recibía respuesta, finalmente le pidió que la bloqueara y lo hizo, esa fue la única respuesta que tuvo de él. Aunque a esta chica le hubiese encantado saber que podría haber pasado entre ellos, con el tiempo supo que había que romper con el pasado y dejar de mirar a atrás.

Bien, te cuento esta historia porque si comienzas desde tu etapa de adolescencia dependiendo de alguien para ser feliz, o creer que esa es la persona para toda la vida, acabarás como ella, y no me gustaría verte así. Ella cuando se separó de su marido, fue cuando empezó a buscarlo. Siempre lo tuvo en su corazón, su relación con su pareja no era muy buena, y el recuerdo del chico de la música era el que le hacía seguir hacia adelante.

Después de eso, de buscarlo una y otra vez, no tuvo ninguna relación seria hasta hace poco, ya que en su mente estaba en lo que pasó en el pasado. ¿y si comienzo una relación con algún chico y entonces aparece?

Aunque ahora, ya es consciente de ello, ¿sabes todo el tiempo que ha perdido? **No dejes tu vida en manos de nadie**, las relaciones al igual que las amistades, van y vienen, **si algo se acaba es porque ya no hay nada entre vosotros en común**, dicen que **cada persona que se acerca en nuestra vida es para un aprendizaje**, no te aferres a esa persona solo porque creas estar enamorad@ de él/ella. Si se ha terminado, suelta, deséale todo lo mejor y ya verás cómo viene a ti algo maravilloso, pero recuerda que **si no aprendes la lección te vendrá de nuevo, aunque que venga otra persona.**

En la mayoría de los casos proviene de una amistad entre adolescentes. Comienzan a sentir atracción física y este deseo viene acompañado de la sensación de querer besarl@, abrazarl@, y hasta tener relaciones.

Comienzan a compartir emociones, sentimientos, pensamientos, gustos que no hacen con otras personas.

Nota:

Para muchos padres/madres, les causa preocupación el saber que su hij@ esta enamorad@, si esta es tu situación te aconsejo lo siguiente:

-**Respeta su privacidad**, si no quiere hablar del tema no lo obligues ni le insistas, lo único que conseguirás es que se agobie muchos más y desconfié más de ti. Dale tiempo, y dale algún consejo. Ofrécele tu ayuda y si él/ella lo quiere irá a ti.

-**No te burles de sus sentimientos** ni hagas bromas sobre ellos. lo único que harás es que se encierre en él/ella mism@ y no quiera expresarse como debería.

-**Dale libertad para que se exprese** como quiere, si decide contarte sus sentimientos déjale que lo haga a su manera, ponle atención y que vea que estás ahí para escucharle, ahí ya puedes tener un acercamiento hacia tu hij@ para aconsejarle lo mejor que puedas.

-**No critiques a su novi@.** Lo único que harás es que se enfade y harás que se aleje esa confianza. Si ves alguna diferencia con esa persona intenta decirle las cosas con amor y con mucho respeto.

-**Protege su autoestima**: en caso que tenga dudas o preocupaciones sobre su enamorad@, apoyal@ y ayúdale a hacerle frente.

-**Aconséjale.** En este momento lo mejor que puedes hacer es aconsejarle, pero sin agobiarle, si estás muy pendiente seguramente se agobiará y preferirá que no le digas nada.

Pregúntale si tiene dudas en cualquier tema, si quiere saber sobre la sexualidad, háblale de ella o infórmate donde dan charlas y ofrécele que vaya, cuanta más información tenga sobre este tema será mucho mejor para prevenir enfermedades entre otras cosas.

Al 90% de los padres/madres, nos da apuro hablar sobre este tema con nuestr@s hij@s, pero si lo pensamos bien ¿Por qué hablar de problemas, de peleas y de malas cosas si somos conscientes, pero a la hora de hablar de sexualidad nos da tanta vergüenza? Tenemos un patrón muy importante en este tema que sigue siendo un tabú y es hora de quitarnos de encima esa etiqueta y hablar libremente sobre el tema.

-Mantén tu disciplina. Aunque ell@s se sientan mayores, no dejan de ser tus hij@s, y deben cumplir con sus limitaciones, asegúrate de no perder esa autoridad, puedes llevarte lo mejor que puedas con tus hij@s, pero no dejas de ser su padre/madre y deben de respetarte.

Un bello cuento japonés sobre el amor para adolescentes: Urashima y la tortuga

*Hace mucho tiempo, un humilde pescador japonés **tuvo un hijo al que puso de nombre Urashima**. Desde bien pequeño, le enseñó todo lo necesario para que aprendiera su oficio y amara y respetara al mar.*

El niño fue creciendo, y pronto se convirtió en un joven apuesto y trabajador, que no dudaba en madrugar para salir con su pequeña barca mar adentro para echar sus redes para pescar. Urashima amaba el mar y su pequeña barca. Era su bien más preciado y pensaba en ella constantemente.

*Un día, Urashima, al izar con cuidado sus redes, descubrió que entre todos los peces **había quedado atrapada también una pequeña tortuga**. La sacó de ahí con cuidado, y mirándola fijamente, le dijo:*

-No temas, tortuga, sé que vosotras podéis vivir hasta mil años, y deseo que vivas entera tu larga vida. Vuelve al mar con tus compañeras.

Y diciendo esto, soltó con mucha delicadeza a la pequeña tortuga y observó cómo se zambullía entre las olas para volver a su hogar.

*Al día siguiente, Urashima regresó al mismo lugar en donde había encontrado a la tortuga, y para sorpresa suya, **la tortuga volvió a aparecer**. Aunque más sorprendido aún se quedó al escucharla decir:*

– Vengo a darte las gracias, joven pescador. Me perdonaste la vida, y ahora la princesa del Palacio del dragón quiere conocerte. ¿Te gustaría conocerla?

–¿El Palacio del dragón? - preguntó Urashima atónito. La verdad es que había escuchado la leyenda, pero él creía que era una mentira más. Todos le habían dicho que existía un reino subterráneo gobernado por unos reyes que vivían con su hija en el Palacio del dragón. Intrigado, Urashima contestó que sí, que le gustaría conocerla.

*– Entonces- continuó hablando la tortuga- **Súbete a mi caparazón y no temas, que yo te llevaré.***

Y diciendo esto, la tortuga comenzó a crecer, y se hizo

*enorme. Urashima se subió a su caparazón y la tortuga se hundió entre las olas. Comenzó a descender con gran rapidez, y pronto llegó hasta **un precioso reino escondido entre corales** y perlas, en cuyo centro se alzaba un hermoso palacio rodeado.por enredaderas de oro.*

– ¡Es precioso! - dijo Urashima realmente asombrado.

*En ese momento, una hermosa joven salió a su encuentro. Era la mujer más bella que había visto nunca. Tenía la tez tan blanca como la luna llena en noches sin estrellas y el pelo tan oscuro como el azabache. Su sonrisa desprendía los mismos brillos que salpican las olas al atardecer. Y Urashima, **se enamoró de ella al instante.***

– ¡Bienvenido! Soy la princesa Dragón, hija de los reyes de este reino. Y la tortuga que salvaste el otro día es mi doncella más querida. Ella me lo contó todo, y sentía curiosidad por conocerte. ¿Quieres pasar conmigo un rato?

– Claro que sí- respondió el joven algo aturdido- Yo me llamo Urashima…

*Los jóvenes comenzaron a hablar, a reír, a contarse tantas cosas… que el tiempo pasaba sin que Urashima se diera cuenta. **Había olvidado su pequeña barca, su hogar… y a su padre.***

Urashima y la joven Dragón se fueron enamorando cada vez más, y los padres de la muchacha les dieron la aprobación para la boda. Urashima estaba muy feliz, y solo podía pensar en su amada.

La boda se celebró por todo lo alto, fue un gran acontecimiento en el reino submarino, y el tiempo siguió pasando. Pero un día, Urashima y su joven *esposa nadaban cerca de la superficie, cuando una sombra pasó por encima de sus cabezas. **Y el joven pescador de pronto se acordó de su barca** y sobre todo… de su padre.*

– ¡Oh, no! - dijo entonces Urashima asustado- ¡Tengo que regresar para contarle todo lo que ha pasado a mi padre! ¡Estará muy preocupado! Seguro que me está buscando…

– No puedes irte- dijo entonces la princesa Dragón con lágrimas en los ojos-. Si te vas, no podrás regresar nunca.

– Sí, te lo prometo, claro que regresaré. Pero tengo que ir. Mi padre estará sufriendo mucho…

La princesa Dragón no pudo hacer nada por convencerle. Urashima estaba decidido a volver a su hogar. Así que, aun llorando, la princesa Dragón le tendió un cofre de plata y le dijo:

*– Toma este cofre. Cuando vayas a regresar, lo necesitarás. **Pero no lo abras. No lo abras…***

El joven Urashima asintió y se guardó el pequeño cofre. Entonces, nadó hasta la superficie, pero no encontró su barca. Así que continuó nadando hasta la orilla y caminó hasta su casa. Pero al llegar, no estaba… solo había unas cuantas piedras llenas de musgo.

Asustado, Urashima se dirigió al pueblo y preguntó a uno de los ancianos que paseaban por allí:

*– Perdone, buen hombre, **¿sabe dónde está el anciano pescador… el padre de Urashima?***

– ¿Urashima dices? - preguntó extrañado el hombre- Urashima… Ay… pobre hombre, lo que sufrió buscando a su hijo. Murió hace ya cerca de 300 años,

pero su historia es muy famosa y la conocemos todos. Su hijo salió a pescar una mañana y jamás regresó. Encontraron su barca en la orilla, vacía. El hombre le estuvo buscando durante toda su vida, hasta que murió. Nadie quiso comprar esa casa, porque decían que podía traer mala suerte.

– ¿300 años? - repitió Urashima conmocionado.

*Urashima fue al cementerio y efectivamente, allí estaba la lápida de su padre. **Había muerto hacía 300 años.** Desolado por aquella noticia, fue hasta la orilla para regresar junto a su mujer, pero ninguna tortuga acudió a su encuentro. Así que, olvidando por completo la advertencia de su esposa, abrió la pequeña caja de plata. Una nube blanca salió y le envolvió. Y entonces **comenzó a sentirse cada vez más débil y cansado.** Su piel comenzó a cuartearse y se llenó de arrugas.*

– ¡Estoy envejeciendo! - dijo Urashima, sentándose en la arena de la playa.

*Y allí, frente al mar, **Urashima dejó pasar los últimos minutos de vida que le quedaban,** pensando en su padre, en su amada y en lo rápido que había pasado su vida. Después, desapareció y se desvaneció como una nube de polvo sobre el mar.*

Reflexión

¿Por qué nuestras decisiones son tan importantes? ¿Qué ocurre cuando se nos va el tiempo hechizados por el amor?

En este cuento se habla de pensamientos y sentimientos profundos, y esta es mi reflexión sobre este cuento.

El amor nos hace perder la noción del tiempo, esta metáfora nos enseña que cuando estamos enamorados y/o obsesionados por alguien perdemos la noción del tiempo, ya que no nos damos cuenta todo lo que estamos perdiendo en nuestro alrededor solo por estar con esa persona con la que queremos en ese momento. Tanto que podemos perder a personas de nuestro alrededor y ni siquiera darnos cuenta. Como le pasó a Urashima con su padre, estuvo tan enamorado desde el primer momento que olvidó por completo la existencia de su padre, quien era en realidad y de donde venía. Cuando quiso reaccionar y buscar a su padre, ya era demasiado tarde, habían pasado 300 años.

En este cuento hablan de las tortugas que suelen vivir más de mil años. Pero, en la vida real, te puede pasar algo similar, debes de saber en cada momento quien eres, de dónde vienes y sobre todo hacia dónde vas, **nunca debes de perder tu esencia por nada ni nadie.**

Aunque tu vida cambie porque empiezas una relación con una persona, no debes de dejar a un lado a las personas de tu alrededor, a esas que te quieren, sino te pasará como a Urashima, cuando te des cuenta de lo que dejaste atrás puede ser demasiado tarde.

Asique toma conciencia sobre este cuento, y **nunca dejes de lado a aquellos que te quieren porque puedes perder esos momentos que nunca regresarán.**

Tus decisiones repercuten a los demás, cuando tomamos decisiones, no somos conscientes que pueden afectar a otras personas, como por ejemplo la que tomó Urashima de quedarse con la princesa dragón sin avisar a su padre, este le llevó a una profunda tristeza en la cual se tiró toda la vida buscándolo hasta que murió, mientras tanto Urashima vivía feliz mente con su esposa.

Muchas veces somos egoístas y no vemos lo que la gente puede estar afectada de las decisiones que tomamos, no debemos depender de ellos, pero tampoco tenemos que hacer que los demás dependan de nosotros. Si en algún momento tomas una decisión debes de ser totalmente sincero, sobre todo con tus padres que son los que más te aman, y los que sufrirán toda la vida por y para ti. Que mejor manera de demostrarles ese amor, teniendo comunicación. Aunque estés totalmente enamorad@, puedes estar con ellos también. Y a eso se le llama familia.

La adolescencia es una etapa de confusión emocional. Sé que en esta etapa comienzan tus sentimientos a fluir, aunque sé que siempre habrás sentido admiración por algún/a amig@, en la adolescencia los sentimientos florecen aún más. Nuestro cuerpo está cambiando y tus hormonas también.

Antes de nada, me gustaría decirte que, si en casa este tema es algo complicado de sacar y tú quieres información, podrías pedir ayuda en centros donde dan charlas a partir de los 13 años sobre educación sexual. No debe de ser un impedimento para nada. Ni tiene que darte pudor ni miedo, es algo muy natural y muy recomendable porque tendrás muchas dudas y un profesional podrá explicártelo de la mejor forma para que tú puedas entenderlo.

Habla con tus padres y dile que quieres ir, normalmente estás charlas las hacen en el centro de salud. Dile a algún amigo que te acompañe para no tener que ir sol@ si sientes vergüenza, anímalos a ir y a saber y aprender lo más importante que son los riesgos que puedes tener, como contraer enfermedades o tener algún embarazo no deseado. No te asustes, pero es mejor que desde el principio veas que debes de ser consciente ello. Está muy bien echarse novi@ o tener amig@. Cada uno es libre, y debe saber en cada momento lo que quiere. Pero te vuelvo a repetir que tienes que saber antes de nada a ser totalmente precavid@. El 40% de los adolescentes tienen embarazos por no tener la información adecuada. Normalmente en casa no suele hablarse de ese tema. Este tema en sí, en el 80% de las familias sigue siendo un tema tabú, seguramente en casa cuando digas que tienes novi@, te dirán que lleves mucho cuidado. Pero no van adentrarse mucho más en ese tema ya que para muchos padres y madres es muy violenta esa conversación y nunca sabemos cómo empezarla. Me incluyo porque a mí también me pasó con mi hijo, y él es un niño muy abierto en el que confía mucho en mí, pero he de decirte que cuando empezaron las preguntas fue cuando me dije. Tierra tragarme. Pero poco a poco fui buscando la manera para que él encontrara la información, encontré unos libros que hablaban sobre ello y se lo di para que pudiera tener esa información.

Quiero que te armes de valor y que le digas a tu madre o a tu padre.

-Mama/papá sé que estoy cambiando y estoy pasando a la etapa de la adolescencia, y antes de equivocarme qué mejor que tener información que venga de vosotros. Me he informado y sé que esta conversación puede ser algo angustiosa para ti/ vosotros. Si es así, podemos buscar información donde dan unas charlas explicativas a sobre eso.

Así, darás a entender que eres consciente de la etapa en la que estás y que quieres información para no equivocarte. Da igual que haya amigos que se rían ¿cuantas veces habláis de este tema y os sale la risa floja? Seguramente más de la mitad de tus amigos no tengan ni idea del tema, y harán como si lo supieran.

"Más vale ser un ignorante y aprender. Que ser un sabelotodo sin experiencia".

María José

A TODOS NOS ABANDONARON UN DÍA

Y cuando digo abandonar, no me refiero sólo a un acto extraordinario. Traumático. No. Es más simple.

Pero duele igual.

A todos nos abandonaron en el medio de un problema.

En el inicio de un proyecto.

En el placer del logro cumplido.

En el momento menos pensado.

En el momento más esperado.

A veces pasa, que te das vuelta y no tienes quien te limpie las lágrimas, quien te dé la palmada en la espalda, quien te guiñe el ojo cuando algo te salió bien y quien te limpie las rodillas cuando te fuiste al pasto.

Todos sabemos de la soledad que se siente cuando nos sentimos solos.

Porque todos fuimos abandonados un día.

Y entonces, encontramos un secreto tristísimo, un acto paliativo, para tapar ese pozo.

Vemos gente que se come la angustia tragándose un paquete de cigarrillos, el otro que corre y corre como un loco a ver si el viento en la cara le vuela ese agujero en el pecho.

Personas que se comen las uñas junto con los nervios y la ansiedad paralizante.

Paquetes de galletitas que van a parar a la boca sin noción de que lo que se intenta matar, no es el hambre. O por lo menos, no esa.

Niños que se perforan la nariz y las venas, con alguna que otra cosa que lo pase a otra realidad por un par de horas.

El otro se pone a jugar lo que no tiene.

Tú comprarás compulsivamente cosas que no necesitas, para sentirte un poco vivo por un instante.

Y yo me quedaré mirando una película, que me habilita disimuladamente a llorar mirando afuera, lo que no tengo ganas de mirar adentro.

Es que somos tan jodidos con nosotros mismos que cuando peor estamos, es cuando más nos castigamos. Porque todo eso que te comes, te come a ti. Te pone peor.

Te suma al abandono, la culpa de hacer algo que sabes que no es genuino. Que no es lo que quieres.

No comes así por hambre. No corres por deporte, cuando te estás escapando de ti. No te intoxicas por placer. No te acuestas con esa niña por amor. Tapas. Escondes. Tiras abajo de la alfombra. Cierras los ojos. Te pones un bozal y un par de auriculares para no escuchar tu corazón.

Date cuenta. Te estás comiendo a ti.

Y quizá, el secreto esté en frenar. En sentir. En recordar, que en ese abandono lo que te falta, es lo que tienes que buscar.

Amor.

Quizá sea hora de pedir ese abrazo. De acostarte en las rodillas de tu mamá. De llamar diciendo, sí, te juro que te necesito. Es ahora. Después no. Ahora. Anda a esa casa. Habla con quién te escucha. Llora. Grita. Di. Vomita. Pide. Da. Ahora.

Hacer malabares, en medio del despelote, no tiene más que un resultado despelotado. Resultado que no va a curar la herida que te sangra, porque le estás metiendo un curita. Y los curitas no curan. Los curitas tapan. Y tú sabes muy bien que el dolor tapado no es dolor sanado.

Para un poquito. Mira en el espejo de tu alma. Frena. Mira lo que te falta y sal a buscarlo en dónde creas que lo puedas encontrar. De verdad.

No revolotees como mosca en platos vacíos. Pide lo que necesitas si ves que solo no puedes.

Porque no hay peor abandono que el que se hace a uno mismo. Con eso no se juega.

Gabriel Rolón

Si tienes que ir en busca del amor que sea del tuyo propio, no hay nada mejor que quererse a un@ mism@. Cuando te sientes mal, lo primero que haces es buscar a otra persona, a veces confundimos amistad con amor y eso no es beneficioso. Tienes que saber diferenciar para que buscas a una persona, para contarle tus problemas, ¿para amistad o para algo más?

Si buscas solo a una persona porque te sientes sol@ y crees que así estarás mejor, déjame decirte que estás equivocad@. Y tu mism@ te vas a crear una dependencia emocional, que cuando acabes con esa relación necesitarás a otra persona, ¿sabes por qué? Porque no has encontrado el amor. Tu amor propio, si como lo oyes, el tuyo propio. **¿si tú no te quieres,**

porque debería de hacerlo otra persona por ti? Primero debes de aceptarte tal como eres, mirarte en el espejo y encontrarte a ti mism@, quererte tal cual, con tus defectos y con tus virtudes, pero sobretodo, si quieres a una persona a tu lado, primero tienes que ser tu esa persona. **Se tú el ejemplo de lo que quieres atraer a tu vida** y ella se llenará de bendiciones. ¡Estarás pensando, si claro, como es tan fácil! ¿y porque no lo compruebas? En vez de estar quejándote, sal ahí y comete el mundo. Y con esto lo que quiero decirte, es que hagas de ti, tu mejor versión, no que alimentes tu ego. No debes de menospreciar a nadie ni intentar ser mejor que nadie, a la única persona que debes de superar y compararte con ella eres tú. Por eso te digo que saques tu mejor versión, se esa persona que quieres ser, sin importar las quejas ni opiniones de los demás. Cada persona tendrá una opinión diferente y tú debes tener la tuya propia, siempre sin ofender a nadie y desde el respeto.

Eso no significa que tengas el ego subido, lo que quiero decirte es que salgas sin miedo, sin dudas, sin nada que temer, conviértete en tu mejor versión y nada ni nadie te detendrá porque si estás a gusto con lo que haces, ninguna opinión te cambiará la tuya.

Llegados a este punto donde estamos acabando el libro, me gustaría dejarte un apartado con todos los ejercicios que hemos realizado a lo largo del libro para que los tengas todos a mano.

Ellos te ayudarán a tomar un rumbo donde sepas que hacer en tu vida, a orientarte, a tomar tus propias decisiones sin tener que depender de las opiniones de los demás, recuerda que **tú eres el dueño de tus sentimientos y emociones, y en el momento que dejas que otra persona tome decisiones por ti, estás dando lo más valioso que tienes, tu vida.** Si suena raro, cursi o como lo quieras llamar, sea la edad que tengas en este momento, debes de empezar ya a crear tu futuro, no esperes a más tarde porque entonces nunca lo harás. ¿Qué has hecho hasta ahora?

Empieza ya a cambiar el rumbo de tu vida y no esperes a perderlo.

Enfócate en lo que quieres, no en lo que no quieres.

Todas las noches antes de dormir anota tu objetivo principal para el día siguiente, y planifica tu día, si como lo oyes, anota todo lo que debes de hacer en tu día, y cúmplelo. Puedes añadir una frase motivadora, y repetírtela a lo largo del día varias veces. Y por la mañana cuando te levantes, revísala y agradece por todo lo que vas a hacer, por todo lo que tienes y por todo lo que tendrás.

Recuerda este punto, porque es muy importante estar agradecido, **cuando una persona se levanta dando gracias desde el corazón, su día será más bendecido,** te levantarás de buen humor, y nada ni nadie debe de estropearte el día, porque tu no lo permitirás, canta, ríe, baila, lo que sea, pero siempre dando gracias. **¿Te has dado cuenta que cuando dices gracias inconscientemente te sale una sonrisa?**

Cuando sientas miedo por algo, debes de tener tu mente ocupada para no estar con ese pensamiento mucho tiempo, asique coge papel y boli, o en el blog de notas del teléfono, y escribe todo aquello que quieres conseguir, imagina que no tienes limite, pero se coherente a la hora de pedir para conseguir tus metas. Empieza por cosas pequeñas para ir lográndolas poco a poco y verás que, si se puede.

Cuando vayas consiguiéndolas, añade alguna meta con más dificultad, dale enfoque y no dejes de tomar acción para poder conseguirla, si piensas que escribiendo y sentándote en el sofá vas a conseguir todo aquello que has escrito, déjame decirte que estas muy equivocado, **Si no pones de tu parte, no vas a conseguir nada**, por ejemplo, si estás buscando trabajo y lo anotas en tu propósito o lista de deseos y te sientas en el sofá a esperar una oferta de empleo que te caiga desde el cielo, te aseguro que lo único que va a suceder es que se te caiga la casa encima, es decir, ¡que te vas a cansar de estar esperando en el sofá a que alguien llame a la puerta o te suene el teléfono para que te digan, ¡¡oye!! Que mañana empiezas a trabajar.

O también, si quieres aprobar el curso donde estás, si estás todo el día en la calle con los amigos, o estas con ellos, pero en la videoconsola o en cualquier otra afición que compartas con ellos, y los libros no los tocas sino es para llevarlos y traerlos del instituto, te aseguro que el duende que hace el trabajo por ti, no existe. Cuando abras la libreta, los ejercicios estarán sin hacer, y cuando llegue el examen se quedará la mayoría de preguntas en blanco o mal contestadas, porque no has estudiado y no sabrás que contestar.

No quiero que esto te lo tomes como un sermón, ni nada parecido, quiero que me veas como esa persona que es tu amiga, y que puedes contarme todo lo que en ese momento necesites, más tarde te diré como puedes ponerte en contacto conmigo cada vez que lo necesites.

Yo también era así. Me lo tomaba todo a broma, creía que el curso no se acababa y cuando llegó junio, tenía los exámenes encima y no había estudiado nada ¿puedes imaginarte que pasó? Pues que suspendí cinco asignaturas. Entonces fue cuando intenté aprobar, estuve estudiando hasta la fecha de recuperación, pero aun así suspendí tres. En un mes no pude hacer lo que debía de haber hecho durante todo el curso. Y vi que no podía seguir porque mis padres no tenían dinero y si repetía curso no me daban ya la beca, había desperdiciado el curso y finalmente tuve que abandonar los estudios. ¿Qué hago?

¿Le echo la culpa a mis padres por no pagarme el transporte para ir?

Entonces en mi pueblo no había instituto y teníamos que ir en autobús al pueblo de al lado, más los gastos de libros y materiales. Mis padres eran trabajadores, pero no ganaban lo suficiente para poder hacer frente a esos gastos, asique como te he comentado tuve que dejar el instituto y me fui a trabajar.

Como ves, a mí me pasó, y no me gustaría que contigo pasara lo mismo, por eso te cuento todas estas historias, para que reflexiones y no permitas que pierdas tu tiempo y que más tarde creas que no va a pasar nada por estar perdiendo el tiempo en los estudios. Si no te gusta estudiar, dedícate a lo que te guste en realidad, pero asegúrate que sea algo productivo y que te llene de felicidad. Piensa que cuando haces algo que te gusta eso ya no es un trabajo, pero siempre hay que hacer un esfuerzo en todo para mantenerlo y seguir hacia adelante. Si quieres dedicarte a algo que necesites una carrera, tendrás que esforzarte en sacártela, y después estar siempre constante para ser productivo en ello, y no seas uno más. Y si por el contrario quieres tener tu propia empresa, deberás de aprender sobre marketing y ventas para conseguir mayor producción en tu negocio, y deberás esforzarte cada día para que sea el mejor.

Como ves, todo tiene su esfuerzo para después obtener bendiciones, solamente debes saber a qué quieres dedicarte tú, y no ser alguien que se conforma con poco. Tu eres una persona capaz de hacer lo que se proponga, y no quiero que lo olvides, sigue hacia tus sueños hasta alcanzarlos. **Lo que parece imposible solo cuesta un poco más, avanza y confía.**

"Nunca culpes a nadie de lo que podrías haber solucionado tú"

María José.

Aplica estos ejercicios, a mí me funcionaron, y los comparto contigo. No dejes que pase tanto tiempo como me paso a mí.

– **Empieza por cosas pequeñas y acabarás logrando los mejores resultados**: empieza por algo pequeño, y no creas que no verás el resultado, porque te irás acostumbrando a los cambios y poco a poco incrementarás tus nuevas costumbres. Y sin darte cuenta lograrás aquellos cambios que a la larga será un gran resultado.

– **Esfuerzo:** Nadie te va a regalar nada. O eres una persona con suerte, o no te queda otra que trabajar por todo aquello que quieres, nada se consigue sin antes poner tú de tu parte. **Recuerda que todo esfuerzo tiene su recompensa.**

– **Ante todo, ten paciencia:** Muchos de los proyectos que tenemos en la vida no se ven realizados por la falta de paciencia. No podemos obtener todo lo que queremos en el mismo momento. A veces cuesta un poco más. No desesperes y recuerda, **a la cima de una montaña no se llega en dos minutos. Cuanto más alta sea la montaña que quieres escalar, más esfuerzo deberás poner, si quieres conseguir llegar.**

Quiero que te hagas estas preguntas que te doy a continuación, y no las pienses, quiero que contestes lo primero que sientas, porque esa será la respuesta desde el corazón, y ahí está tu subconsciente, no dejes a tu mente que te engañe, porque ella quiere protegerte, pero en realidad, ¿crees que es eso lo que hace?

1. ¿Tienes la vida que quieres? _____

2. ¿Qué 3 palabras utilizarías para definirte?

3. ¿Qué 3 palabras utilizarían otros para definirte?

____

4. Cuando piensas en felicidad, ¿qué es lo primero que te viene a la cabeza?

____

____

____

5. ¿Cuántas de las promesas que te has hecho has cumplido?

____

____

____

6. ¿Cuál es la primera cosa que cambiarías en tu vida?

____

____

____

7. ¿Eres el amigo que te gustaría tener? _________
¿Por qué?

____

____

8. ¿Cuándo fue la última vez que te atreviste a hacer algo nuevo?

____

____

10. ¿Cuándo ha sido la última vez que has sido consciente de tu respiración?

____

____

____

11.¿Meditas?_________________

¿porque?_________________

____

____

____

12. Olvida tu edad por un segundo, ¿cómo de joven te sientes?

____

____

13. ¿Qué es lo que te hace diferente de los demás?

____

____

____

14. ¿Cuándo fue la última vez que ayudaste a alguien?

____

____

____

15. ¿Qué es lo que te motiva?

____

____

____

16. ¿Pones solución a tus problemas o no paras de quejarte?

____

____

____

17. ¿Qué te gustaría hacer cuando acabes los estudios?

____

____

____

____

18. ¿Qué te gustaría dejar de hacer? ¿Porqué?

---

19. Si hoy fuera el último día vida ¿qué harías y con quién?

---

20. En el amor. ¿estarías con alguien como tú? ______ ¿porque?

---

21. ¿Para ti, en que consiste la vida?

Pregúntate esto y recuerda contestar como te he dicho más arriba, desde el corazón y deja que tu voz interior te conteste Aumenta tu autoestima, ¿te sientes decaído?, ¿piensas que todo el mundo es mejor que tú?, ¿sientes que lo haces todo mal?, ¿ves a las personas como consiguen todo aquello que tú quieres y tú no sabes cómo hacerlo? ¿Sientes ganas de cambiar y empezar algo nuevo, pero estas perdido y/o te invade la pereza el miedo y hasta has perdido la ilusión? Todo esto puede ser debido a tu baja autoestima. Te propongo lo siguiente…

Has una lista con todo aquello que quieres en tu vida.

1 ____

2 ____

3 ____

4 ____

5 ____

6 ____

7 ____

8 ____

9 ____

10 ____

Y ahora empieza a tomar acción.

¿Qué quieres? ¿Un chico guapo? ¿Que tenga buen cuerpo, que sea amable, que tenga una sonrisa bonita?

Ahora pregúntate y responde

¿De todo lo que yo quiero, que puedo ofrecer?

1 ____

2 ____

3 ____

4 ____

5 ____

6 ____

7 ____

8 ____

9 ____

10 ____

Ahora que ya sabes lo que quieres y que es lo que puedes ofrecer, también puedes tomar conciencia y empezar a cambiar aquello que no te gusta de ti para poder estar bien contigo mism@.

A parte de cuidar tu cuerpo por fuera también lo harás por dentro y tu estado de ánimo tendrá sus cambios positivos, cuando estás activ@ tienes más energía y tus células se regeneran. Cuando no haces nada tu cuerpo tampoco lo hace. Hace lo mínimo y siempre estarás cansad@. **¿no crees que es hora de animarte a dar ese cambio?** No te quedes en casa, tumbad@ en la cama soñando por esa persona, y viendo cómo se te pasa el tiempo. Sal ahí fuera y vive.

¿Tengo un cuerpo bonito? Si/no

¿Qué puedo hacer para mejorarlo? ¿Hacer deporte?

¿Comer más saludable?

Otro ejemplo que añadirías a tu lista…

Quiero ser (y aquí pones a lo que te quieres dedicar)

¿Que estoy haciendo para conseguirlo? ¿Estoy estudiando? ¿O lo dejo todo para el último día? ¿Preparo los trabajos o prefiero quedar con los amigos? RESPONDE.

Borra palabras de tu vocabulario.

Empieza a evitar decir palabras negativas en tu vocabulario, así lo único que harás es estar todo el día negándote a ti mismo.

No puedo, no sé, no soy capaz…estas palabras te limitan y te hacen creer que es cierto que no puedes o no eres capaz, en vez de eso cámbialo por SI PUEDO, YO SOY CAPAZ, YO SI SÉ, LO INTENTARÉ. Es mejor intentarlo mil veces a no hacerlo nunca, a veces no conseguimos las cosas por no intentarlo y no tenemos la confianza en nosotr@s mism@s de que podamos lograrlo, date la oportunidad de hacerlo.

Todo esfuerzo tiene su recompensa, como decía el cuento del caracol, no se jugaba nada, solo su sueño y se esforzó hasta conseguirlo, su recompensa fue hacer realidad su sueño y es que no hay que competir con nadie a no ser que ese nadie esas tú.

Vence a la pereza: déjate de excusas y empieza a hacer aquello que quieres, tu mente te limita y tú le haces caso, en el momento que empieces a pensar que es demasiado tarde, o hace frio, calor, o cualquier otra excusa, tendrás un motivo para no hacerlo, y si en vez de eso empiezas a pensar, **ya verás que, si puedo, nunca es tarde, aunque haga frio o calor lo haré, eso no son excusas allá voy. Entonces con esa actitud lo lograrás.**

No te rindas: aun cuando no veas los resultados que quieres, sigue adelante, sigue esforzándote porque cuando menos te lo esperes ahí estará lo que buscabas, ahí estará tu premio, ahí habrás conseguido tu victoria, tus sueños.

Toma conciencia durante el día y cuando te vayas a dormir anota esas palabras que más repites, luego vas a anotar las palabras que sustituirás con cada una, vamos a hacer este ejercicio durante una semana. El ejercicio entero lo pondré en las últimas páginas de este capítulo para que las tengas todas a mano. Ahora puedes empezar con las que hayas dicho hoy.

Día Palabras negativas

______________   ______________   ______________

______________   ______________   ______________

______________   ______________   ______________

______________   ______________   ______________

______________   ______________   ______________

______________   ______________   ______________

Palabras sustituidas

________   ________   ________   ________

________   ________   ________   ________

________   ________   ________   ________

________   ________   ________   ________

________   ________   ________   ________

________   ________   ________   ________

No he podido resistirme a dejarte este cuento sobre la adolescencia.

La metáfora del caballo salvaje

Aquella mañana, Álex hablaba con Miguel, el educador del centro de menores donde Álex tenía que ir durante el día, a pesar de que estaba a una hora de casa y debía levantarse temprano. Alex estaba muy quemado, la noche anterior había salido y había fumado y bebido más de la cuenta. Por la mañana se quejaba de su suerte. Tenía 16 años y le molestaba tener que ir a ese centro, cuando el robo lo hicieron entre cuatro… Sin embargo, al que pillaron fue a él, y ahora, mientras salía el juicio tenía que presentarse todos los días en el centro de día para menores. Sin estudios, sin futuro, con amigos que le traicionaban… Hoy lo veía todo negro y quería desaparecer, mandarlo todo muy lejos, dedicarse a vivir y a hacer lo que le diera la gana sin que nadie le repitiera lo que tenía que hacer, sin nadie que no confiara en él, sin nadie que le traicionara… Mejor estar solo a mal acompañado, repetía entre dientes.

Miguel escuchaba atentamente a Álex y, después de que el joven se hubiera desahogado, le preguntó:

"¿conoces la metáfora del caballo salvaje?

Escúchala, tal vez te ayude en un día como hoy "

"Hay pocas cosas tan impresionantes como ver a un caballo salvaje en libertad, nos impacta su fuerza, su libertad para trotar por las praderas y las montañas, verlo correr junto a otros caballos salvajes, su relincho a los cuatro vientos, su figura levantado a dos patas. Tienen individualidad y poder dentro de la manada, hay muchos caballos que corren sobre la hierba, que beben del río tranquilamente en un devenir aquí y allá bajo el atardecer del valle…

Guirlache era uno de esos caballos antes de la doma. El día en que lo capturaron fue tal vez el peor día de su vida, llegaron cuatro hombres montados en caballo con sombreros de vaqueros y uno de ellos le echó el lazo en una carrera en la que Guirlache corrió y se defendió como nunca lo había hecho. Soltó coces a diestro y siniestro, se levantó sobre sus dos patas, relinchó con furia aunque todo eso no le sirvió de nada, aquellos hombres sabían lo que se hacían, y lo cansaron hasta que Guirlache, agotado, cayó exhausto y presa de la frustración se abandonó a su suerte. Atado dentro de un camión, lo llevaron a un rancho que estaba a varios kilómetros de las montañas donde él había sido feliz en libertad. Aquel día se sintió frustrado, furioso, impotente, pero lo peor estaba aún por llegar. Le encerraron en un cubículo y cada día le obligaban salir y obedecer las órdenes de Matías el susurrador, un hombre muy extraño que le hablaba muy bajito al oído. Al principio Guirlache se resistió a obedecer, trataba de zafarse con furia de aquella incómoda cuerda atada a su cuello y cabeza, e incluso recibió latigazos para que obedeciera. Pero él no estaba acostumbrado, era un caballo salvaje y los caballos salvajes solamente obedecen a la ley del sol, de la montaña y de las cuatro estaciones.

Sin embargo, pasaron las semanas y Guirlache empezó a aprender cosas nuevas, ya sabía dar vueltas alrededor de Matías. Aquel hombre ejercía una extraña influencia sobre él, parecía como si le hipnotizara con sus susurros y su tranquilidad, parecía querer transmitirle que era su amigo y que no le iba a hacer daño. Guirlache lo entendió el día que Matías se tumbó sobre su lomo y confió en un caballo salvaje que podría aplastarle con toda su fuerza. Matías le daba muestras de confianza que Guirlache apreciaba.

Un buen día, tras varios meses, Matías le susurró que ya estaba preparado para volver a la montaña y al valle, así que lo ensilló y cabalgó sobre él por aquellos caminos que Guirlache había recorrido meses atrás en total libertad. Sin embargo, sentía una dicha que no sabía explicar. No se sentía preso, no sentía añoranza de su vida en libertad ni tampoco echaba de menos el no tener normas ni obligaciones. Matías le había enseñado una disciplina que le gustaba cumplir y que además le permitía recibir caricias, cuidados y llevar unas comodísimas herraduras.

Sin embargo, el destino de Guirlache no estaba en las laderas y el valle. Lo supo el día que conoció a Clara, aquella niña de seis años que vino a la granja. La trajeron sus padres tras probar muchos tratamientos para que Clara aprendiera a sonreír tras nacer con parálisis cerebral.

Guirlache había mirado a Matías preguntándole qué debía hacer. Matías, hablándole en el idioma de los caballos le dijo que ese iba a ser su nuevo trabajo, que los humanos lo llamaban equino terapia, que significaba en el idioma equino "ser los ojos, la fuerza y el equilibrio de las personas enfermas". Guirlache sintió una emoción sin límites cuando Clara subió en su lomo. Con mucho cuidado paseó con ella y con Matías por el rancho hasta que la niña sonrió como nunca antes lo había hecho. Sus padres lloraban de la emoción y el caballo sintió algo parecido a un nudo en la garganta, en vez de reír relinchó con fuerza echando aire por la nariz acompañando la risa de Clara y de Matías.

Clara fue la primera de una larga lista de personas enfermas, amigos y amigas para las que Guirlache fue "sus ojos, fuerza y equilibrio". Su antigua vida de caballo salvaje pasó a ser la de un caballo domado con una vida llena de sentido.

- "Buah, muy bonito-dijo Álex- pero eso es una chorrada, chaval. Yo paso de que me domen, para eso me quedo en las montañas.

Además, ¿alguien le preguntó a Guirlache si quería acabar así?, ¿a qué no?"

- Miguel asintió, y mirando de nuevo al muchacho respondió "Es cierto que Guirlache no pudo elegir su destino. Sin embargo, tú sí puedes hacerlo. Tú decides, vivir tu vida de manera salvaje o trabajar tu disciplina y aprender algo que te guste, algo que convierta tu vida salvaje en una vida llena de sentido.

Nadie te va a "domar", eres tú el que eliges, aunque seguro que encontrarás amigos que te ayuden y algún "susurrador" por el camino que te ayude a confiar en ti mismo".

ESTA REFLEXIÓN ME ENCANTÓ CUANDO LA LEI, POR ESO TE LA HE ESCRITO TAL CUAL.

Y como dice en ella. **¿vas a dejar que otra persona coja el rumbo de tu vida? ¿O vas a ser tú el que dome tus sentimiento y emociones?**

Si te dejas llevar por los demás ya sabes que va a pasar con tu vida, y si no lo sabes te vuelvo a nombrar mi primer libro, **no te aferres a la vida, ¡VIVELA!** No quisiera que crearas en ti una dependencia en ninguna área de tu vida. Por eso he escrito este libro para ti. Quiero que seas consciente de todo lo que te he contado y aplique los ejercicios.

Aquí tienes el ejercicio para la semana

Toma conciencia durante el día y cuando te vayas a dormir anota esas palabras que más repites, vamos a hacer este ejercicio durante una semana.

Día 1

________________ ________________ ________________

________________ ________________ ________________

________________ ________________ ________________

________________ ________________ ________________

________________ ________________ ________________

________________ ________________ ________________

Ahora las tienes que sustituir por otras palabras positivas, para ir incrementando en tu vocabulario nuevas palabras que te hagan sentir mejor.

________________ ________________ ________________

________________ ________________ ________________

________________ ________________ ________________

________________ ________________ ________________

________________ ________________ ________________

________________ ________________ ________________

Cada día harás el ejercicio de las dos formas diferentes, es muy importante que veas la diferencia y como tu vocabulario va cambiando, aunque repitas palabras, es normal, no te sientas mal. La mente intenta protegerte, por eso el ejercicio siguiente, es cambiar las palabras, porque así tú subconsciente lo va asimilando y verás cómo reaccionas antes, y te das cuenta de ello.

Día 2 Palabras negativas

Palabras sustituidas

Día 3   Palabras negativas

Palabras sustituidas

Notas:

Día 4   Palabras negativas

Palabras sustituidas

Notas:____

____

____

Día 5   Palabras negativas

______________ ______________ ______________

______________ ______________ ______________

______________ ______________ ______________

______________ ______________ ______________

______________ ______________ ______________

______________ ______________ ______________

Palabras sustituidas

______________ ______________ ______________

______________ ______________ ______________

______________ ______________ ______________

______________ ______________ ______________

______________ ______________ ______________

______________ ______________ ______________

Notas:____

____

____

Día 6 Palabras negativas

Palabras sustituidas

Notas:____

____

____

Día 7 Palabras negativas

Palabras sustituidas

__________ __________ __________

__________ __________ __________

__________ __________ __________

__________ __________ __________

__________ __________ __________

Notas:_____________________________________

____

____

Ahora echa un vistazo atrás y mira la diferencia de palabras que has corregido, y sobretodo piensa en la rapidez con la que te das cuenta cuando dices una palabra negativa. ¿ves la diferencia? Pues todo esto solo ha sido en una semana, imagínate ahora que ya lo sabes que lo aplicas todos los días en una libreta. Poco a poco se te ocurrirán palabras, gestos, frases. Hazlo y ya me contarás. Estoy deseando escucharte.

Apuntes:

____

____

____

____

____

____

RESUMEN

Aprende los valores que necesitas aprender a lo largo de tu vida y ponerlos en práctica.

Dignidad – Atención - Puntualidad: - Coherencia - Aprender Sensibilidad – Comunicación – Compasión – Orden - Servicio: - **Voluntad – Serenidad – Paciencia – Experiencia Sencillez – Amistad – Respeto – Alegría – Humildad – Perdón Gratitud – Confianza ....**entre otros...

Hemos hablado de la dependencia emocional sobre l@s amig@s o sobre cualquier persona que nos hacen ser alguien distinto, a lo que somos nosotr@s mism@s, tenemos que conocernos interiormente y saber qué es lo que queremos y lo que no queremos ser, hacer o tener.

Tienes que encontrar tu propia esencia y ser en cada momento lo que quieres ser. Cuando tengas un problema siempre tienes que intentar solucionarlo, mediante la mediación, con las palabras y nunca con la ira y la frustración, eso lo único que hará será perjudicarte.

Tómate estos ejercicios como una de las razones para seguir adelante y ayudarte a ser una mejor persona y ser alguien capaz de conseguir lo que quiere en cada momento siempre escuchando la voz de tu interior y nunca escuchando los ruidos de la mente, que lo único que van a hacer es confundirte.

Tómate estos ejercicios como unos tips para poder ayudarte no te los tomes nunca como obligación.

Empieza por uno y conforme vayas habituándote a él, ves incrementando otro.

Si lo empiezas todos a la vez, seguramente te acabarás aburriendo y entonces acabarás por dejarlo, no lo hagas, como te he dicho empieza poco a poco y así conseguirás crear unos hábitos muy importantes para tu vida.

Medita siempre que puedas, calmarás tu mente y llenarás tu alma de energía.

No hagas daño a la gente, a tus compañeros… por mucho que se rían los demás de otras personas nunca lo hagas tú, empatiza con él y si no sabes cómo salir de ahí, ni te acerques. **Nunca sabes lo que puede estar pasando la otra persona** si puedes ayudarla, ayúdala. Recomiéndale este libro para que él/ ella siga estos tips y pueda ser una persona tan grande como tú.

Recuerda **que si tú eres feliz todo tu entorno cambia**, y recuerda de que si estudias los principios universales serás una persona diferente. Empieza desde ahora y no esperes a ser un adulto para ponerlos en práctica, **cambia tu mundo ahora** y por mucho que te digan los demás, **sé tú quien quieres ser**. Diviértete, **que nadie te quite esa adolescencia para vivir, pero vívela con amor, con paz y sobre todo con mucha humildad.**

Apóyate en tu familia, habla con ellos, y pregunta todas las dudas que tengas, como sientes y todos tus miedos.

No te compares con nadie, nadie es mejor ni peor que tú, eres una persona única, en la que puedes compartir gustos y opiniones con otra gente, pero iguales nunca.

Acéptate a ti mism@ y quiérete tal cual eres, y si hay algo que no te gusta trabaja para cambiarlo. Mírate en el espejo y practica el ejercicio de mirarte, sentirte y verte tal cual eres, acepta tus defectos y empieza a darle más valor a tus virtudes. Quiérete, y **confía en ti**, piensa que, si tú no te quieres, nadie lo hará por ti, y si tú no te respetas ¿Por qué lo van a hacer los demás?

Los errores que has cometido, ya están hechos, y están en el pasado. Ahora piensa en el presente, y no vuelvas a cometer esos mismos errores, y en el futuro verás las cosas muy diferentes

Céntrate en los estudios, y no pierdas tiempo repitiendo curso. Cuanto antes acabes, antes lograrás conseguir tus metas.

Crea tu futuro, y no dependas de lo que la mayoría hace, solo porque sabes que siempre lo tendrás, como el trabajo típico de cualquier ciudad. **Haz de tu vida un sueño y de tu sueño una realidad.**

Enamórate, vive ese amor adolescente, pero vívelo desde el aprendizaje, y no desde el dolor. Recuerda que esta vida es un aprendizaje y si no aprendes la lección, la repites.

No dependas de los videojuegos, del teléfono, ni de nada parecido. Porque ahí fuera esta la gente que te quiere, familia, amig@s, herman@s....

Empieza a cambiar tus hábitos, y verás como todo empieza a cambiar a tu alrededor, si tu cambias tu manera de hablar a las personas, verás cómo las ves de otra manera, y los demás también cambiarán.

Sonríe siempre, eso hará que te sientas bien, sácale el lado positivo a todo. vuelvo a repetirte que tienes que saber el aprendizaje que te deja.

Sana a tu niñ@ interior, cuanto antes empieces mejor, no esperes a ser adulto para sanarl@. De pequeñ@ siempre se nos queda algún bloqueo, y eso sin saberlo nos lleva a unos traumas a cuando somos adultos.

No somos conscientes, pero están. Ya sea algún miedo, gritos, pelas de algún allegado. Cualquier cosa que nos haya impactado y nadie se haya dado cuenta para ayudarnos en ese momento. Habla con tu niñ@ y dile que estás ahí, que vas a estar siempre. Dale confianza para poder crecer, y que te mire y sepa que cuando seas más mayor va a estar bien.

Coge papel y boli, y en cada metáfora que te cuento, saca tu propia **conclusión, reflexiona y empatiza** sobre ella. Y mira donde está tu progreso, hacia donde debes ir. <u>**Recuerda coger el RUMBO de tu vida y no lo dejes en las manos de los demás.**</u>

No tengo palabras para agradecerte que hayas estado todo este tiempo a mi lado leyendo y aplicando todas las pautas que aquí te recomiendo.

Me siento muy feliz de saber que, si las aplicas conforme te digo irás cambiando tu vida poco a poco. Recuerda hacer las cosas sin prisas, pero sin pausa, porque **el que persevera alcanzará aquello que se proponga**, y sus frutos serán más bendecidos.

Te agradezco enormemente que me hayas acompañado en estas páginas.

Y que te haya servido para aprender a cambiar y/o tomar conciencia de lo que puedes vivir en tu adolescencia, según te apliques en tu vida lo harás de una forma u otra, tú decides.

No dejes de recomendar este libro, si conoces a alguien que pueda ayudarle. Y si te ha ayudado a ti y quieres compartirlo conmigo, hazte una foto y envíamelo a la siguiente dirección.

<u>mjmonfo@gmail.com</u>

Este libro me ha encantado escribirlo, ya seas adulto o adolescente, puedes aplicarlo, y además de eso, puedes ayudar a tus padres, o hij@s ya sea a entenderlos tu mejor o ellos a ti.

Como te he comentado en varias ocasiones, en este libro. Mi primer libro se llama **No te aferres a la vida ¡VIVELA!** Si aún no lo tienes, te recomiendo que lo adquieras, ya que te permitirá saber sobre varios tipos de dependencia.

En el podrás leer muchos ejemplos de dependencia, ya que la información no basta, si no ves que hay gente que pasa por esa dependencia y como han salido de ahí, por mucha información que tengas, no tendrás una referencia y yo ahí te hago participe de muchas.

Y ya que acabarás la adolescencia, quiero aconsejarte, que adquieras mi siguiente libro…

Encuentra tu camino

Este libro habla de varios ejemplos de adicciones, como las drogas, el sexo y el alcohol, entre otras. Son tres ejemplos muy comunes, que me gustaría que supieras hasta donde puedes llegar si caes en alguna de estas adicciones. En el podrás ver testimonios reales, de gente que pasó por esa situación.

No caigas en la dependencia de ninguna adicción y se consciente de lo que te puede causar si entras en alguna de ellas. En ocasiones nos creemos que controlamos, y por alguna causa podemos caer en alguna de ellas sin ni siquiera darnos cuentas.

No sé si este tercer libro será para ti, pero estoy segura de que conoces a alguien que le vendría bien, ya seas porque está dentro de alguna adicción o esta con alguna persona adicta a alguna sustancia. Si es así, no dejes de recomendarle este libro.

ENCUENTRA TU CAMINO

UNA COSA MÁS….

Antes de acabar me gustaría contarte una cosa más, en este libro te he hablado de tomar conciencia de tu vida, y no dejar que nada ni nadie pueda perjudicar tu futuro prometedor.

Te hablé de unas leyes universales y ahora quiero decirte donde pude aprender yo sobre estos principios. Cuando me sentí perdida, algo me decía que tenía que escuchar a mi interior y fue cuando empecé a buscar en internet. En las redes sociales, vi a un chico que hablaba sobre el **Alma**, esa era la palabra que yo oiga. Estuve en cursos para saber meditar y poder escuchar mi interior, pero, aun así, sentía que debía de saber algo más.

Al escuchar a este chico, me llamaba mucho la atención, pero, al mismo tiempo sentía pereza de verlo. Poco a poco estuve viendo videos y empecé a hacer algunas de sus meditaciones, cada vez me sentía más entusiasmada por aprender, pero el leer me daba mucha más pereza.

Todo eran excusas para no comprarme el libro, y al final no pude resistirme y lo compré. Desde que empecé a estudiar la saga de **LA VOZ DE TU ALMA**, puedo decirte que mi vida cambió muchísimo. No era solo leer, también había que aplicar. Y yo te invito a que descubras estos principios y apliques muchas más técnicas a parte de las que yo te recomiendo.

Si tienes la oportunidad de ir a alguno de sus eventos, verás cómo vienes de allí siendo una persona totalmente diferente y con las ideas más claras. **¡¡ Escucha la voz de tu alma y se un imparable!!**

LAIN LARCIA CALVO, autor de la saga **LA VOZ DE TU ALMA**

Seguimos en contacto en mis redes:

 María José Martínez Alberola

 María José Martínez Alberola

 @mariajosemartinezalberola

 www.noteaferresalavida.com

María José Martínez Alberola